Jorge Monteleone

O FANTASMA DE UM NOME (POESIA, IMAGINÁRIO, VIDA)

Jorge Monteleone

seleção
Teresa Arijón e Bárbara Belloc

tradução
Mariana Teixeira

NOMADISMOS

Circuito

azougue editorial

Programa Sur

2019

Coleção Nomadismos, de ensaio e pensamento argentino,
dirigida por Teresa Arijón, Bárbara Belloc, Renato Rezende e Sergio Cohn

"Obra editada no âmbito do Programa "Sur" de Apoio a Traduções do Ministério das Relações Exteriores e Culto da República Argentina"

"Obra editada en el marco del Programa "Sur" de Apoyo a las Traducciones del Ministerio de Relaciones Exteriores, Comercio Internacional y Culto de la República Argentina"

Revisão
Ingrid Vieira

Monteleone, Jorge
O fantasma de um nome (Poesia, imaginário, vida) / Jorge Monteleone ; seleção Teresa Arijón, Bárbara Belloc ; tradução Mariana Teixeira. - 1. ed. - Rio de Janeiro : Rio de Janeiro : Azougue : Circuito, 2019.
216 p. : il. ; 21 cm. (Nomadismos ; 11)
Inclui bibliografia
ISBN: 978-85-9582-043-2
1. Ficção argentina. 2. Literatura - História e crítica. I. Arijón, Teresa. II. Belloc, Bárbara. III. Título. IV. Série.

02/05/2019

[2019]

Azougue - mais que uma editora, um pacto com a cultura
Editora Circuito - www.editoracircuito.com.br

à Paulita
e ao shapito

Via del Babuino
me piace molto
perchè la via del Babuino
ha il nome di una scimmia!

ALFIO GIOLITTI,
A Roma!, Zagarolo, Tartiflette Editrice, 2014

JORGE MONTELEONE: A FORÇA DE UM NOME

por Teresa Arijón

O bom é o que guarda / como albergue do caminho
Para o sedento a água / para o bêbado o vinho
ANTONIO MACHADO, Provérbios e cantares

Nascido em 1957 em um subúrbio borgiano de Buenos Aires, Jorge Monteleone é um dos críticos e teóricos literários latino-americanos mais sutis e eruditos de nosso tempo. Sua conhecida dedicação à literatura argentina e latino-americana dos séculos XIX, XX e XXI – com amorosa insistência na poesia – não é, no entanto, excludente. Leitor incansável dotado de uma memória privilegiada e de um admirável talento para o contraponto, Monteleone encontrou nos grandes poetas visionários franceses sua pedra-ímã. Rimbaud, Baudelaire, Artaud são para ele motivo constante de pesquisa, reflexão e escrita. Mas seria impossível circunscrever seu trabalho em uma roda de escritores insignes ou em uma esfera armilar de interesse. É mais do que isso; se alguém tentasse traçar-lhe um limite – como quem constrói um alambrado para tomar posse de um campo fértil –, Jorge o iludiria. Não por rebeldia ou vontade própria, mas, sim, simplesmente, porque é um autor caudaloso: como se diz dos rios e da águia-real. E seus escritos fluem e levam em direção a zonas inesperadas, sempre bem-vindas. Daí sua natural abundância, e sua extraordinária generosidade.

No prólogo aos onze ensaios que compõem *O fantasma de um nome* – que aqui apresentamos em sua primeira tradução ao português – Jorge pergunta e se pergunta: "Quem diz *eu* no poema quando o poema diz eu?". E a partir desse questionamento, fundamentado em uma ideia forte, desenvolve sua visão prodigiosa e também lúdica desse "fantasma fugidio, sem lugar, que é o eu". As ariadnes e os virgílios que convoca para que o acompanhem nesta viagem fantasmagórica são também – e não é casual – nomes potentes: Borges, Gamoneda, Pizarnik, Hofmannsthal, Paz, Pavese, entre outros.

O que se cifra em um nome? Onde está sua força? Na mão que o escreve, na voz que o pronuncia, na memória que o resguarda? Nomear-se poeta é uma incisão ou uma decisão? O poeta nasce ou se faz? É o menino que, em uma Grécia Antiga que ele mesmo inventou, renuncia a um hipotético destino de filósofo para se enunciar? É o desejo que, à imagem e semelhança do fugaz Lezama Lima, não vê a lâmina da pergunta primordial?

Poeta é o homem das solas de vento? O anjo da história? Poeta é todas as árvores de uma selva desmatada? Um oceano salpicado de *icebergs* de plástico, gelos falsos como espelhinhos enganadores? Uma cidade fundada por náufragos que em todas as tardes, quando o sol queima, veem uma fortaleza emergindo em alto-mar? Poeta é um céu com nuvens de tormenta que, olhado desde o solo, representa uma certeza? Uma mulher que, por chamar-se Idea, não pede mais que um nome?

O nome da poeta e seu fantasma. O fantasma que sangra pelo nome. Os meandros, os interstícios, os sonhos "sonhados sinceramente" que o revelam. Quem se sonharam escrivães, poetas, loucos. O escritor como ausência, como morto, como sintagma. O campo minado da literatura. Crer na crença do escritor, como queria Borges. São muitos os caminhos possíveis para abordar questões tão voláteis. Jorge Monteleone opta por traçar linhas que unem pontos, nós, laços. Como um corpo celeste que transita em sua órbita ou um próton que aponta ao núcleo do átomo; mas também como órfão que, nas fábulas, vai deixando migalhas de pão para encontrar o caminho de volta. Monteleone propõe um passeio guiado por nomes que funcionam como arautos: mensageiros visíveis dessa fuga que o "eu" (tarde ou cedo) aprisiona.

Eu sou o indivíduo (Nicanor Parra)> *Je est un autre* (Arthur Rimbaud)> Eu não sou eu nem sou o outro (Mário de Sá-Carneiro)> *And I am whatever you say I am* (Marshall B. Mathers)> Eu. O que é isso (Idea Vilariño)> *I am so many!* (Mary Oliver)>.

Ou o inverso: Eu sou tantos! Eu. O que é isso. E eu sou o que dizes que sou. Eu não sou eu nem sou o outro. Eu é outro. Eu sou o indivíduo.

Monteleone sabe que a ordem dos fatores não altera o produto. E sabe que o poeta, inclusive negando-o, se nomeia *eu*.

Jorge é também, antes de tudo, poeta. Um poeta até agora em segredo, eu diria medular. Mais ainda: refugiado na masmédula:[1] na sede/no ser. Talvez por isso seus ensaios desbravem o nomeado e o inominável, fazendo aflorar o que insiste em nomear-se, enlaçando escritas díspares para mostrar os percalços, as perícias e até as preguiças dessa criatura criadora não criada: o poeta. Esse testemunho ouvidor que fala com a pequena voz do mundo (como pedem Canetti e Bellessi).

Entre os trabalhos críticos de Monteleone se destacam as edições comentadas de Walter Benjamin e três antologias que farão história: *Puentes/Pontes* (edição bilíngue de poesia brasileira e argentina contemporânea, com Heloisa Buarque de Hollanda), *200 años de poesía argentina* e *La Argentina como narración*. E também dois ensaios que, cada um a sua maneira, seguem os passos de Arne Saknussemm: "El relato de viaje" e "El centro de la Tierra". Neste último, Jorge descreve seu livro ideal: "Pode começar em qualquer parte e esse começo seria aleatório e não deveria terminar nunca ou deveria recomeçar ciclicamente, de um modo igualmente aleatório cada vez que o leitor se encontrasse com o mesmo capítulo. Como dizia Mallarmé, um livro não começa nem termina, no máximo aparenta. O livro tampouco deveria ser completo, teria um buraco, um vazio móvel: *nesse* vazio, inalcançável, está *a infância*."

É nossa esperança que os leitores brasileiros encontrem aqui a trilha desse livro ideal. Uma trama contínua, sem princípio nem fim, que Jorge desenhou com a mesma precisão e delicadeza com que desenha (eu sei porque vi) a silhueta intangível de um pássaro.

Buenos Aires,
17 de janeiro de 2019

1 Referência ao livro de mesmo nome do poeta argentino Oliverio Girondo. (N.T.)

PRÓLOGO: O INOMINÁVEL

J. M.

"Onde agora? Quando agora? Quem agora? Sem me perguntar isso. Dizer eu. Sem pensar", escreveu Samuel Beckett no começo de *O inominável* (1953): *"Où maintenant? Quand maintenant? Qui maintenant? Sans me le demander. Dire je. Sans le penser".* E também: "Parece que falo eu, mas não sou eu; que falo de mim, mas não é de mim" [*J'ai l'air de parler, c'est n'est pas moi, de moi, c'est n'est pas de moi*].[2] Essas perguntas também atravessam a poesia moderna. Onde, quando e quem é um poeta? Quem diz *eu* no poema quando o poema diz eu? Essas perguntas atingiram profundamente as pessoas e cada poeta a respondeu com um enigma. Na célebre carta que John Keats escreveu a John Woodhouse, em 27 de outubro de 1818, na qual chamava o poeta de camaleão, lê-se: "Um poeta é a mais impoética das coisas existentes; porque não tem Identidade... Ele é constantemente forma e matéria de outro corpo" [*A poet is the most unpoetic of any thing in existence; because He has no Identity – He is continually in for – and filling some other body*].[3] A hipertrofia da subjetividade atribuída ao romanticismo era, na verdade, a invenção grandiosa de um vazio que, meio século depois, atravessando o *je est um autre* (eu é um outro) de Arthur Rimbaud, levaria à gozosa impersonalidade mallarme-

2 Samuel Beckett, *L'innomable*, París, Minuit, 1992, p. 7. Tradução minha.
3 John Keats, *Selected poems and letters*. Edited by Sandra Anstey. Oxford, Heinemann, 1995, p. 119. A tradução pertence a Julio Cortázar, citada em *Imagen de John Keats;* Buenos Aires: Suma de Letras, 2004, pp. 539-540. Cortázar acrescenta esta citação como ilustrativa nota de rodapé no capítulo "Carta do camaleão": "M. Buxton-Forman aponta que na expressão '*he is continually in for*' cabe supor que Keats quis escrever '*informing*' (*informando*), o que por outro lado é verossímil, já que logo segue: '*and filling*', etcétera".

niana na Ideia, onde se foge do sujeito temporal e agônico e carnal. Para Stéphane Mallarmé, o descobrimento e o "descenso" no nada – com a conseguinte vaporização do eu pessoal – supôs, como declarou na célebre carta de 14 de maio de 1867 a Henri Cazalis, que "não há outra coisa que não a beleza – e esta não tem mais que uma expressão perfeita, a poesia" [*il n'y a que la beauté – et elle n'a qu'une expression parfaite, la poésie*]. Mas nessa mesma carta afirmava também: "por sorte, estou perfeitamente morto" [*mais, heureusement, je suis parfaitement mort*].[4] Já não teve na poesia do ocidente um sujeito unitário, nem o eu do poema podia, sem mais, atribuir-se a uma pessoa singular. A partir disso existiram numerosas manifestações que vão desde a poesia não concebida como expressão, mas como fuga da personalidade – *escape from personality* –, segundo T. S. Eliot, até os apócrifos de Antonio Machado ou os heterônimos de Fernando Pessoa.

Friedrich Nietzsche foi contemporâneo de Mallarmé e de Rimbaud – *A origem da tragédia* data de 1870; as chamadas "cartas do vidente", de Rimbaud, de 1871. O dionisíaco corresponde ao fenômeno estético.[5] Dito fenômeno de cisão, descentramento ou dissolução da unidade do sujeito – também não alheio ao descobrimento freudiano –, também se relaciona com a perda do fundamento transcendente para o sujeito e sua palavra, isto é, com a destituição do *logos* divino como garantia da subjetividade. Desse naufrágio, dessa deriva surge a postura em questão do sujeito poético que, em consequência, corrói a própria pessoa do autor como se fosse uma máscara. Esse eu, como o inominável de Beckett, se despersonaliza e também diz: "parece que falo eu, mas não sou eu; que falo de mim, mas não é de mim".

A poesia hispano-americana não esteve isenta desse movimento, sobretudo a partir das vanguardas históricas, que problematizaram a

4 Stéphane Mallarmé, *Correspondance: lettres sur la poésie*. Editado por Bertrand Marchal. Paris: Gallimard, 1995, pp. 342-343. Tradução minha.
5 Ver capítulo 4, "Entrada en la postmodernidad: Nietzsche como plataforma giratoria", en Jürgen Habermas, *El discurso filosófico de la modernidad*. Madrid: Taurus, 1989, pp. 120-123.

representação do sujeito imaginário do poema e também questionaram qualquer fundamento: desde o nome de Deus – que, todavia, trabalhava no modernismo: "Torres de Deus! Poetas" escrevia Rubén Darío – até o nome do autor, em uma só combustão. Esse eu, avançando o século XX, se confirmaria em César Vallejo, como um *fifalto*, no lugar de *fidalgo*; esse eu nascido ao acaso do céu, no poema "Espergesia" (nos *Arautos negros*, 1919) diria: "Eu nasci em um dia que Deus estava doente, / grave"; esse eu incessantemente duplicado, sonho de um sonho de uma divindade distinta que no poema "Xadrez" (*O fazedor*, 1960), de Jorge Luis Borges, perguntaria: "Que Deus atrás de Deus a trama começa / de pó e tempo e sonho e agonias?". E o nome próprio do autor também confirmaria esse lugar indeciso do eu: "César Vallejo morreu. Batiam-no / todos sem que ele lhes fizesse nada; / davam-no duro com um pau e duro / também com uma soga", escreveu Vallejo ("Pedra negra sobre uma pedra branca", *Poemas humanos*, 1939); "A Borges, ao outro, é a quem lhe acontecem as coisas" ("Borges e eu", *O fazedor*, 1960), escreveu Borges.

Desde a poesia romântica até a poesia atual, esta espécie de fantasma fugidio, sem lugar, que é o eu, atravessou dezenas de papéis possíveis: desde a impregnação excessiva até a multiplicidade, desde a impersonalidade até o desaparecimento, desde a elipse – em favor de seu objeto – até a estentórea magnificação – que desautoriza o mundo. A pergunta pelo eu do poema lírico em um conjunto de textos poéticos suporia advertir sua variável representação em uma série temporal. Uma teoria do imaginário poético permite ler essa antiga figura de um modo mais amplo e diverso: o *sujeito imaginário do poema*. Esta noção teórica que foi desenvolvida por mim em diversos ensaios fez possível iludir a noção demasiada autônoma de sujeito poético ou sujeito lírico. Trata-se do sujeito da enunciação poética que se articula com todas as inscrições de pessoa no *corpus* de cada autor, onde o pronome *eu* é dominante, ainda que não exclusivo: em certas ocasiões, o uso da segunda pessoa não é o outro polo da enunciação *eu-tu*, mas sim um desdobramento do primeiro – por exemplo: "Gastastes os anos e eles te gastaram / e ainda não escreveste o poema", escreve Jorge Luis Borges em "Mateus XXV, 30".[6] Este sujeito se apresenta como um "sujeito social", também chamado de "sujeito simbólico", na forma de uma investidura, na medida em que integra os universos simbólicos-sociais pelos quais se tipifica em um espaço público e cumpre ali um personagem. Assim mesmo, o "autor" ou a "figura autoral", para não assimilá-lo ao indivíduo concreto e reter, em troca, seu caráter nominal, funcional e jurídico, introduz naquelas objetivações sociais o conteúdo da experiência biográfica e o mundo da vida privada. O caso dos pseudônimos problematiza e põe em evidência essa relação que é puramente cultural e histórica.

Haveria, então, essa tríade no imaginário poético: o sujeito imaginário, o sujeito simbólico e a figura do autor. Como demonstraram as teorias sobre autobiografia (Leujeune, Starobinsky, de Man, Olney, Catelli, Giordano, entre outros) a figura do autor na relação com o *corpus* textual também pode ser lida como uma provocação ficcional. Uma teoria do imaginário poético deve apresentar-se como um modelo que indaga a figura central do sujeito imaginário do poema e, ao mesmo tempo, o vínculo da dita subjetividade da figura autoral, para além da investidura que é gerada no plano simbólico social. O autor não só *não* garante a pretensa realidade do sujeito imaginário do poema, como também, por meio do sujeito imaginário, o próprio autor não se realiza enquanto imagem.

Apenas um exemplo simplificado: o *gaucho* Martín Fierro é o sujeito imaginário do poema de José Hernández – publicado em duas partes, *O gaucho Martín fierro*, 1872, e *A volta de Martín Fierro*, 1879 –, que desde o início se apresenta como um eu quando assume o canto ("Aqui me ponho a cantar"), com a oralidade própria do interiorano ("*Eu* não sou cantor letradu")[7] na campanha bonaerense[8] por volta dos anos da

6 *Poemas 1923-1958*, Buenos Aires, Emecé, 1958, p. 157

7 No original o personagem Martín Fierro é caracterizado como um *gaucho*, paisano, que seria um campesino, um aldeão. Na sua fala ele afirma que não é *letrao*, ocorrendo a apócope do "d" de letrado, típico da fala dos campesinos argentinos, não temos equivalência exata em português, o fenômeno que mais se aproxima é a substituição do "o" por "u" em algumas palavras. (N.T.)

8 O termo original é *bonaerense*, que na Argentina não é o mesmo que *porteño*:

leva forçada de *gauchos* para servir ao exército na fronteira. O sujeito simbólico é aquele que oferece a esse sujeito imaginário posse do espaço público, isto é, o *gaucho* do poema tipifica esse personagem social. Hernández o representa, entre outras razões, para denunciar os abusos de poder que sofria esse sujeito social naquela conjuntura histórica. Neste plano, tanto pelo uso da fala característica do *gaucho* como pela denúncia dos abusos de poder a que foi submetido, o sujeito simbólico do poema retorna ao mundo de seus semelhantes, os interioranos iletrados que constituem um público – que até então não existia como tal –, uma audiência quando alguém lia em voz alta *Martín Fierro* para todos. Assim, o sujeito imaginário do poema tem efeitos no plano social enquanto sujeito simbólico, ainda que esta característica tivesse que ser medida muito menos por seu valor referencial do que pela eficácia do poema. A figura do autor está dada por José Hernández, aquele que assina, por exemplo, a carta-prólogo a José Zoilo Miguens, datada de dezembro de 1872, na qual aponta que se propôs a apresentar "um modelo que personificasse o caráter de nossos *gauchos*. (...) Aqueles que conhecem com propriedade o original, poderão julgar se há ou não semelhança na cópia".[9] Mas a figura do autor, neste caso, também se vincula mimeticamente com o sujeito do poema, a tal ponto que, como afirmou Tulio Halperín Donghi, o *gaucho* Martín Fierro chegou a se constituir como um "*alter ego* do seu criador", mediante uma identificação entre o autor e seu herói: por um lado, Fierro "é a figura sob a qual Hernández se descobre poeta" e, por outro, "as desventuras de Fierro dão valor às de Hernández".[10] O circuito se completa quando um jornal da cidade de La Plata, na morte do poeta e legislador José Hernández, noticiava: "Morreu ontem o senador Martín Fierro". A figura autoral

o primeiro equivale aos naturais da província de Buenos Aires, que está a 60 km da Cidade Autônoma de Buenos Aires; esta última, sim, é que possui como adjetivo gentílico correspondente o portenho. (N.T.)

9 José Hernández, *Martín Fierro*. Edición crítica de Élida Lois y Ángel Núñez. Colección Archivos, 51. Barcelona, ALLCA XX, 2001, p. 5

10 Tulio Halperín Donghi, *José Hernández y sus mundos*, Buenos Aires, Sudamericana, 1985, pp. 286-287.

aparece assim na tríade também como uma imagem. Não haveria, então, exatamente um eu de origem, mas uma espécie de circulação de conteúdos subjetivos imaginários e simbólicos que estão dispostos no poema. Os ensaios deste volume tratam em boa parte desse vínculo entre a figura do autor e o sujeito imaginário na poesia e seus vínculos ambivalentes com a experiência vivida.

Giorgio Agamben retomou as conhecidas reflexões de Foucault sobre a autoria em "O que é um autor ?" – *Qu'est-ce qu'un auteur?*, apresentada no Collège de France em 1969 e ligeiramente modificada em sua segunda leitura na Universidade de Buffalo em 1970 –, onde analisava essa figura como uma função, complementando a ideia de que o nome do autor não vai do interior do discurso ao homem real e exterior, mas manifesta o acontecimento de um certo conjunto de discursos, e se refere ao estatuto desse discurso no interior de uma sociedade e de uma cultura.[11] Depois de assinalar que, de fato, a função-autor é um processo de subjetivação pelo qual um indivíduo é identificado como autor em relação a um *corpus* textual e, por consequência, essa "presença" só pode se dar sob os traços de uma ausência, Agamben formula um paradoxo atrativo: "O autor não está morto, mas colocar-se como autor significa ocupar o lugar de um morto". Propõe-se, então, conjecturar o que significa para um indivíduo "ocupar o lugar de um morto, colocar as próprias pegadas em um lugar vazio". Não é estranho que busque na poesia um espaço exemplar para falar daquilo que em seu ensaio é chamado de "o autor como gesto": Agamben lê Vallejo. O curioso leitor pode seguir sua argumentação no volume *Profanações*.[12] Da minha parte, quis explorar essa mesma conjectura ao longo de diversos ensaios críticos sobre poesia – um modo de exercitar a poeticidade por outros meios convergentes ao poema –, que reúno aqui.

11 Michel Foucault, ¿Qué es un autor? Apostilla de Daniel Link. Buenos Aires: El cuenco de plata, 2010.
12 Giorgio Agamben, "El autor como gesto", en *Profanaciones*. Buenos Aires: Adriana Hidalgo, 2005, pp. 78-94.

Levando ao extremo a afirmação de Agamben e invertendo aquela "morte do autor", cujas exéquias assistimos durante anos, sustentei um fato mais contundente e monótono: *todo autor é um morto*. Menos o fantasma de um homem que o fantasma de um nome. Esse fantasma fala daquele lugar de onde o sujeito real se ausentou, para que a voz imaginária do poema restitua a outra voz que fundamenta o próprio ser da existência. Desse modo se realiza na arte a antecipação da morte como concentrada e verdadeira ficção transcendente: "Todo escritor deve escrever como se fosse um morto", afirmou Kafka.

O paradoxo da figura autoral com relação ao sujeito imaginário do poema radicado na constituição da subjetividade sempre se situa entre a forma vazia do pronome pessoal e da mortalidade, que produz invariavelmente uma enunciação testamentária, uma verdadeira "memória ultratumba". Nesse ínterim, *eu* se refere ao ato do discurso em que é pronunciado e designa quem o pronuncia, e em dada instância a subjetividade se constitui, como estudou Émile Benveniste; não se encontra essa dimensão temporal condicionada e transfigurada pelo término inevitável da morte? Daí a evocação da frase que no conto de Edgar Allan Poe pronuncia o senhor Valdemar quando, com mesmerismo, é conservado com "vida" para além da morte, ao pronunciar esse enunciado impossível: *I am dead* (Eu estou morto). Trata-se da frase que só um fantasma poderia sustentar. Talvez porque a linguagem já nos afantasme enquanto falantes e mortais, talvez porque a linguagem já seja ficcionada em seu próprio surgimento, toda vez que antecipa a morte. Talvez porque dizer *eu*, paulatinamente, uma frase testamentária, fala de um morto futuro que já o é em toda escritura. Uma frase cujo horizonte final é se esvaziar do sujeito que a nomeia.

Assim todo relato biográfico do poeta seria, também, parte de um mesmo circuito poético: como a rosa amarela dos livros de Marino, "uma coisa mais agregada ao mundo" (Borges, *O fazedor*, 1960) que entra em vínculos problemáticos com o sujeito imaginário do poema. Pode se restituir, em consequência, o vínculo entre a vida e a poesia, entre experiência e imaginação poética, na condição de que não se substancialize, nem se transforme em documento ou mero sepulcro. "A poesia – escreveu Tamara Kamenszain – é o mais parecido com uma autobiografia da morte".[13] A vida como invenção poética e o autor como figura ou metáfora de si: o autor como um morto. Porque no poema cada vida se dissipou para que na sua ausência a vida rememorada tenha lugar, toda vez que o faça no deslizamento em direção ao imaginário. O autor diante do irremediável espelho funesto se esvazia de si para que na enunciação poética seja um morto falando. Mesmo que já tenha a cabeça coroada, já se encontre entre os escolhidos do jogo do bairro, cantando vitória, o rebelde *morto chi parla*.[14]

Este livro se inicia com um encontro real cujo relato, décadas depois, parece inventado, mas quer convencer de que efetivamente *ocorreu* ao constatar a presença abrumada de um Autor. Trata-se de meu encontro pessoal nos anos oitenta com aquele que havia escrito em sua juventude "A insignificância de personalidade", que muitos anos depois escreveria "Borges e eu" ou que afirmaria: "o mundo, desgraçadamente, é real; eu, desgraçadamente, sou Borges". Logo continua com a ambígua relação entre a cegueira como afeição da pessoa do poeta e a cegueira como atributo do sujeito imaginário, que reverte sobre a figura do autor. A seção que vem em seguida, "Todo autor é um morto", reúne textos nos quais a poesia afirma o paradoxo de que *a noção de vida não pode ser reivindicada senão pela ausência da vida* e, ao mesmo tempo, explora certos modos nos quais o sujeito imaginário do poema se constitui

13 Tamara Kamenszain, "La lírica terminal" en *Historias de amor (y otros ensayos sobre poesía)*. Buenos Aires: Paidós, 2000, p. 145.

14 Nos jogos lotéricos clandestinos (a chamada *quiniela*), nos quais os *quinieleros* dos bairros argentinos, geralmente de baixa classe social, recebiam as apostas e pagavam os prêmios, havia denominações para todos os números, que às vezes se vinculavam a sonhos e premonições. O número 48 chamava-se *il morto chi parla*, isto é, "o morto que fala". Por exemplo, se alguém sonhasse com uma pessoa morta falando com eles, eles deveriam apostar no número 48, definido como *il morto chi parla*. O uso da língua italiana está relacionado aos numerosos imigrantes de origem italiana que povoaram os bairros mais humildes de Buenos Aires.

com um fundo de morte em uma dialética de ausência/presença. A última parte torna mais complexa a anterior e trata de responder nos três ensaios, com diversas modalidades, até que ponto a vida vivida não proporciona o modelo para que o sujeito imaginário se sustente e, paradoxalmente, este exige para sua realização um ato concreto, inclusive autodestrutivo e limitante, que pode ser interpretado como uma ação poética.

A primeira versão desses ensaios críticos foi escrita ao longo de muitos anos de pesquisa sobre a teoria de um imaginário poético no Conselho Nacional de Investigação Científica e Técnicas e no Instituto de Literatura Hispano-Americana da faculdade de Filosofia e Letras da Universidade de Buenos Aires, ou são resultados de estudos críticos sobre poetas latino-americanos. Talvez o leitor – o próprio cúmplice, o outro diverso – encontre certa coerência das questões sobreditas nos textos reunidos onde os nomes cercam o fantasma de um nome. Mas antes de qualquer coisa, espero que encontre o eco da poesia.

BORGES, EU

O mundo, desgraçadamente, é real;
Eu desgraçadamente, sou Borges.
J. L. B.

O TEMPO E A MARÉ

por Borges

Há muito tempo, entrevistar um escritor era um modo de realizar no mundo o mesmo que Gaston Bachelard reclamava para a literatura: confirmar um cenário de fantasmas. Todo leitor apaixonado pelo que Bachelard chamava de "a leitura feliz" deveria se situar em uma espécie de orgulho do psiquismo que se adere a uma imagem poética, como se essa imagem voltasse a se escrever diante de nossos olhos. Nesse momento, sugeria Bachelard, revivemos, alentamos e simultaneamente reprimimos *um desejo de ser escritores.* Dita simpatia e dito desejo são inseparáveis da admiração. A identificação admirativa do leitor com o escritor persiste mesmo passado o assombro feliz que antes desperta a imagem poética, como uma figura que não só comove, mas também compromete nossa própria existência estética. "*Il semble que la joie de lire soit le reflet de la joie d'écrire comme si le lecteur était le fantôme de l'écrivain*" – escreve Bachelard em *La poétique de l'espace* [1957, *A poética do espaço*].[15] Compreendemos assim que esse ato imaginário de leitura e de escritura está sustentado por dois fantasmas: pela imagem de um sujeito que escreve palavras imaginadas e, ao mesmo tempo, por outro sujeito que lê no próprio umbral da irrealidade, como se uma melodia de música virtual se executasse no espaço sonoro criado por dois instrumentos afinados. Simplifico uma experiência muito complexa, mas quero apontar que o interesse do leitor apaixonado pelo escritor – em

15 "Parece que a alegria de ler seja o reflexo da alegria de escrever como se o leitor fosse o fantasma do escritor". Gaston Bachelard, *La poétique de l'espace.* Paris: Les Presses universitaires de France, 1961, p. 11. Tradução minha.

seu afã por conhecer sua biografia, seus costumes, suas maneiras, por sonhar com sua voz e seu semblante – nasce nesse momento único. Parece, no fundo, um ato mediúnico: convocar a imagem que literariamente ele possui. Por esta razão, quando a entrevista literária conservava seus brios, tratava-se de relatar um ato quase mágico: narrar a encarnação de uma imagem, a figura de carne e osso que o leitor resguardava como se fosse um nume. Essa figura, por sua vez, preservava sua áurea.

Isso aconteceu com Rainer Maria Rilke, por exemplo, quando em maio de 1900 entrevistou Tolstói. Recorreu a um poeta eminente para eliminar o pensamento de um reflexo hierárquico e autoritário da posição de escritor com relação ao leitor. Não se trata disso. A identificação admirativa não é um ato de passividade, mas a realização imaginária da arte em sua recepção, por limitados que fossem seus alcances gnosiológicos. Quando Rilke entrevistou Tolstói, sua admiração de leitor constatou uma figura "aurática". Nunca o havia visto antes, mas sem dúvida havia convocado seu fantasma, que se tornava real. Ao abrir a porta de Yasnaia Poliana, viu o menor conde, o mais inclinado, o mais branco, que examinava os visitantes com um olhar claro e "os abençoava involuntariamente com alguma benção indizível". Enquanto conversava em um pátio ao ar livre, Rilke percebeu que a figura do conde crescia no vento a partir do ponto onde a grande barba ondulava e que o rosto grave e marcado pela solidão permanecia intocado pela tormenta.

Martin Amis, no prólogo do livro de entrevistas literárias *Visiting Mrs. Nabokov and Other Excursions* (1993), afirmava já nos anos noventa que a humilde entrevista literária estava agonizando ou envelhecendo.[16] Amis reduziu a uma espécie de protocolo retórico os passos previstos desse encontro. De todo modo, essa cínica declaração de Amis era, na verdade, um lamento. A entrevista literária, em uma época onde as celebridades "formam parte de seu próprio mecanismo publicitário", por mais absurdo que seja, passa a ser um gênero anacrônico e des-

16 Ver Martin Amis, *Visitando a Mrs. Nabokov y otras excursiones*, Barcelona, Anagrama, 1995.

valorizado. Quando Amis anuncia a morte da entrevista literária está dizendo, a seu modo, que já são impossíveis imagens como a que Rilke se refere à figura de Tolstói, e talvez lamente essa perda. Talvez porque as figuras "auráticas" da literatura são substituídas pelas representações planas da *imago* eletrônica, em todos os seus suportes, que neutralizam a distância "reverencial" da admiração, que multiplicam os estímulos e geram certa apatia que apenas pode alterar um apressado assombro e longo confirmar a insensibilidade. Uma espécie de imperturbabilidade sentimental transforma o modelo permanente em moda passageira.

Não obstante, quero contar, nesse contexto, minha própria experiência de uma entrevista literária com Jorge Luis Borges, para dar a enésima versão da mais extraordinária projeção imaginária que foi causada por um escritor desse século em um espaço público. Trata-se desse Borges que também se impôs como uma espécie de imagem mitológica, diria que ainda "aurática", ainda venerável em uma dimensão mundial (como demonstraram os festejos de seu centenário, em 1999), e que *a partir da* literatura sorteou as armadilhas dos *mass media* mediante uma espécie de autorrepresentação preenchida por aquilo que já fantasiava o texto "Borges e eu". María Esther Vázquez relatou esta confissão de Borges, sussurrada em 1985, rumo a Rosário, para participar de conversa: "Há um Borges pessoal e um Borges público, personagem que me desagrada muito. Este costuma responder a reportagens e aparecer no cinema e na televisão. Eu sou o Borges íntimo, acredito que não mudei desde que era menino, salvo que quando menino não sabia me expressar".[17] Meu relato pessoal – "fiel à realidade, ou, em todo caso, a minha lembrança pessoal da realidade, a qual são as mesmas" ["Ulrica", *O livro de areia*] – só quer ser um testemunho do encontro de um jovem leitor desconhecido com o escritor mitológico.

Entrevistei Borges em uma noite de 1980. Tínhamos acordado o encontro quinze dias antes. Eu tinha então vinte e três anos e prepa-

17 María Esther Vázquez, *Borges: Esplendor y derrota.* Barcelona: Tusquets, 1996, p. 324.

rava uma extensa monografia sobre sua obra, pensando em concluí-la com uma entrevista ao autor sobre os tópicos tratados. Então Borges já era para mim aquilo que o próprio predicava de Joyce ou de Quevedo: "menos um homem do que uma vasta e complexa literatura". Essa era minha primeira imagem do autor: uma figura onde se confundia o bibliotecário vertiginoso com esse homem que em "O Aleph" ou "O Zahir" padecia de uma incontável totalidade opressiva e era aludido como o narrador do conto que afirmava: "Ainda, ao menos parcialmente, sou Borges". Uma imagem que era por sua vez criada pelo autor, como as espadas, os labirintos e os tigres.

Busquei seu nome na lista telefônica e encontrei sua mãe: Leonor Acevedo de Borges. Disquei o número: atendeu-me ele mesmo. Era extremamente fácil falar com Borges, ainda que eu estivesse assustado porque sua voz expunha à imagem impossível o tremor do humano. Contei a ele isso, ainda que, naturalmente, não de um modo tão pomposo. Disse-me que me compreendia, já que, sem querer se comparar, recordava o que ele mesmo tinha sentido nos anos vinte ao conhecer Rafael Casinos Assens. Perguntou o meu nome. E ao escutá-lo, disse-me que éramos xarás e se eu sabia o que significava esse nome de origem grega, que em tal língua era pronunciado "Yorgos" ou "Gueorguios". Eu não sabia. "Lavrador da terra", traduziu. E também perguntou por meu sobrenome. Quando tive que revelar o sobrenome italiano lembrei todos os preconceitos que tantas vezes li, por exemplo, em *Evaristo Carriego* ("é de conhecimento geral que o italiano tudo pode nesta república, salvo ser levado a sério pelos desalojados por ele"), ou em frases como "um tal senhor Molinari que, *apesar do sobrenome italiano*, era professor de latim e uma pessoa extremamente ilustrada...". Essa lembrança me deixou bobo: "Bom, meu sobrenome não é inglês, mas italiano: Monteleone. Com este sobrenome estaria perdido na Grã-Bretanha". "Sim, extraviado... – disse – Para essas ilhas boreais, frias, nebulosas". Fez uma pausa e exclamou: "Mas estaria a salvo na Itália. Em *Roma ipsissima!*". Acertamos uma nova ligação para marcar o encontro.

Na noite do sábado, 18 de outubro de 1980, viajei de trem de Ramos Mejía, onde vivia com meus pais, para o Centro, e cheguei no 6º andar, apartamento B, da rua Maipú, 994. Eram oito em ponto. Fani – isto é, Epifanía Uveda de Robledo, a senhora que acompanhou Borges por quase quarenta anos – abriu a porta. Eu apenas pretendia gravar a conversa com um incômodo e gigantesco gravador durante uma hora e fugir como um ladrão. Mas Borges me esperava muito serenamente, com seu paletó escuro e sua bengala, disposto a sair.

— Conhece a comida chinesa? – perguntou-me, decidido. Era evidente que tinha planejado tudo ao marcar comigo às oito.

— Nunca provei – respondi a ele com falsa segurança que escondia um terror real.

— Não importa. – disse – Serei seu iniciador.

Borges segurou no meu braço e olhou resoluto à frente. A cegueira de anos havia dado a ele um ar marcial e orgulhoso, que advertiam a fragilidade e a lentidão. Era um homem de oitenta e um anos, mas eu não podia acreditar. Eu e meu corpo desengonçado padecíamos de uma espécie de petrificação medusa, uma fascinação que, segundo os tratadistas, consiste no domínio irresistível que se exerce em alguém apenas com o olhar. Que esse poder fosse exercido pelos olhos aquosos de um cego parecia aumentar o efeito. Fani tinha aberto a porta e esperava que saíssemos. Borges caminhava para frente, mas *não em direção à porta*: eu não podia ser seu guia, exceto por minha atitude canina. Estava paralisado, por timidez e torpeza, e esperava certa autonomia da qual Borges carecia: eu nunca havia acompanhado a um cego e só conhecia aqueles dos romances de Sabato, que tudo podem. Fani se impacientou: "A porta está *aqui*, Borges", disse com firmeza, da soleira. O Grande Velho se deteve, intrigado. À direita da porta de saída havia uma biblioteca na qual se encontravam todos os volumes da Enciclopédia Espasa-Calpe que a editora lhe havia presenteado fazia pouco tempo. "Estava caminhando para a Enciclopédia, Borges", lhe disse como forma de se desculpar.

— Caramba – respondeu – Como me atraem os livros!

O restaurante estava próximo a Maipú, não recordo se na Esmeralda ou Paraguay, em um subsolo. Isso significava que devia descer as escadas – isto é, acompanhar Jorge Luis Borges para *descer* as escadas – e abrir-lhe a porta que, sem dúvida, abriria *para fora*, com o qual o precário equilíbrio de um homem cego que dependia de seu acompanhante estava em perigo. Encontrava-me junto a um cavaleiro impassível do século XIX, que parecia esperar o silencioso passo em falso: esse homem era, perdoe a hipérbole, a Literatura Argentina. Não: também era Shakespeare, era Cervantes, era Joyce, era Kafka que estava em mãos de um medroso debutante no desastre. Nada grave aconteceu, mas a descida, com mãos emboladas e vacilações e tosses, não foi de todo elegante.

Sentamo-nos a uma mesa e Borges começou a me descrever os pratos que comeríamos: gyoza, o simples arroz misto, e "uns frutos de sabor particular, que não se parecem a nenhum outro, chamados lichia". Beberíamos água e café. Após estabelecer o pedido, me solicitou, em troca, que descrevesse para ele o lugar. Eu nunca havia estado em um restaurante chinês e nesses anos, aliás, não havia muitos em Buenos Aires. Além disso, esse se chamava, como acredito lembrar, A Cantina Chinesa; sua indecisão entre o xeneize[18] e o oriental despertava todas as minhas suspeitas.

— Não acho que este lugar seja muito chinês – comecei. – Há muito vermelho, há luminárias de papel e no teto é possível ver figuras de dragão.

— Então não se queixe – me interrompeu. – O dragão é o animal sagrado da China.

E começou a me falar sobre dragões. Pode ter dito, como escreveu

18 Xeneize é a variação argentina do gentílico zeneixi, natural de Gênova (no dialeto lígure, Zena), Itália. Este termo se atribui aos imigrantes genoveses do bairro de La Boca, onde abundavam as "cantinas", pequenos restaurantes populares de comida italiana. Xeneize também se refere ao time de futebol Boca Juniors, cuja sede fica neste bairro popular da cidade de Buenos Aires. (N.T,)

alguma vez em *O livro dos seres imaginários*, que o povo chinês acredita nos dragões mais do que em outras deidades, porque os vê com tanta frequência nas inconstantes nuvens.

Quando serviram a comida, me pediu que o indicasse onde estava seu prato, seu copo e seus talheres. Comíamos e falávamos, mas eu não podia deixar de olhá-lo, de observar cuidadosamente cada movimento. Algo tão trivial era, para mim, como o ofício de uma cerimônia. Via Borges tatear a travessa de arroz, beber água, procurar o pão, com uma despreocupação atenta. Acontecia às vezes um tremor brusco na mão impaciente por encontrar o que buscava e logo um gesto veloz em direção à boca, distraída. Parecia desfrutar a comida e, enquanto isso, eu me acalmava. Sei que teve um momento em que tudo pareceu normal e corriqueiro, um momento fugaz e dócil, onde o homem alcançava rapidamente a densidade sumária da circunstância, o ar mortal de um dia perdido, enquanto transcorria um simples jantar em Buenos Aires, nos anos oitenta – ou seja, sob a ditadura –, com uma débil luz na monotonia do horror.

Sob a ditadura. Em um momento casual da conversação, sugeri que Borges tinha alguma ideia do que ocorria. Soube tempos depois que nesse ano ele havia assinado uma solicitação que apareceu no diário *Clarín* em 12 de agosto de 1980, página 24, na qual exigia das "autoridades nacionais", em solidariedade com os familiares das vítimas, que "publiquem as listas dos desaparecidos" e "informem sobre o paradeiro dos mesmos", ainda que, em maio de 1976, Borges tenha tido um encontro com o ditador Videla, junto a Ernesto Sabato, Horacio Esteban Ratti e o sacerdote Leonardo Castellani, e havia dito a ele, então, que "salvara o país da vergonha". Um mês antes da minha entrevista, em setembro de 1980, Borges declarou em Roma, para o semanário *Panorama:*

> Se houve crimes é necessário investigá-los. (...) Dizem que o número de vítimas é exagerado, mas só bastava um caso apenas. Caim matou uma vez só Abel, Cristo foi crucificado uma única

> vez. (...). Falei com certo atraso, mas, faz pouco tempo, pessoas vieram me ver. Veio uma senhora que há quatro anos não sabe nada de sua filha. Faz um tempo que recebo cartas que me comunicam essas coisas...

Também havia recebido, neste ano, a visita das Mães e Avós da Praça de Maio: já não ignorava. Em nossa conversa, inesperadamente, algo, um vislumbre do horror, apareceu de repente, como de passagem, arrastado pela menção de *O processo*. Borges disse:

— Ocorreu-me com uma pessoa muito inteligente (não tenho porque mencionar seu nome), mas não muito sensível; ela me lia *The New Arabian Nights, As novas mil e uma noites*, de Stevenson. Líamos "O clube dos suicidas". Esta pessoa, que lia este conto, me disse: "Mas tudo isso é muito inverossímil". Disse-lhe: "Certamente. Mas se o livro se intitula *As novas mil e uma noites*, se entende que está feito como um jogo e não se disfarça de outra coisa: é, com toda inocência e com toda a insolência, um jogo". Mas a muitas pessoas isso incomoda. Bioy me falou de um amigo seu, um matemático, que não havia tido grandes negócios com a literatura e que leu *O processo*, de Kafka. E prontamente ele e sua mulher ficaram assombrados, pensando: "Caramba... A forma como as pessoas são diminuídas, como são submetidas a estes julgamentos...". Isso, desgraçadamente, agora não é tão inverossímil, não?

Falava com uma voz de consoantes arrastadas, suavizadas por um tom aportenhado e talvez anacrônico, que ficava mais agudo às vezes com um moderado entusiasmo. Era curioso escutar como essa voz, quando recitava versos, crescia e se aprofundava, mais lenta e precisa. Esqueci quase toda essa conversa do jantar, da qual só retenho borrões. Sei, pelo menos, que falamos de literatura gauchesca e de Lugones e da idade dos homens mais velhos de Buenos Aires, entre os quais dizia se incluir. As pessoas olhavam-no, curiosas. Ao fim, se aproximaram dele duas meninas.

— Queremos lhe pedir um autógrafo – disseram-lhe. – Vamos fazer uma análise grafológica, para conhecer sua personalidade através de sua assinatura.

— Uma análise grafológica... – vacilou. – Vou lhes dar o argumento de um conto fantástico. Há dois amigos, um pobre e outro rico. O pobre começa a imitar o rico. Gradualmente a imitação chega a ser tão perfeita que o pobre adquire a personalidade do rico. Um dia vai ao banco e imita a assinatura do amigo. Como já era o outro, ninguém podia dizer que a assinatura era falsificada. Então, o pobre rouba de seu amigo todo o dinheiro.

Não teve resposta.

— O que acham? – insistiu.

— Borges, prenderiam esse homem – objetou uma das garotas.

— Mas senhorita: você está contradizendo sua própria ciência! – disse com exagerada convicção.

Quando se foram, começou a rir baixo e disse: "Parece-me que as meninas não entenderam a brincadeira".

Ao regressar ao apartamento da rua Maipú, recordo que mencionou várias formas de felicidade: que certa vez um desconhecido lhe agradeceu na rua por ele tê-lo presenteado com a satisfação de conhecer a Stevenson; que ao ser professor na Faculdade de Filosofia e Letras não impunha leituras obrigatórias porque seria como impor uma felicidade obrigatória; que um pequeno chaveiro, azul e branco, que tinha a forma de um gato deitado, de porcelana, felizmente podia passar pelo gato de Cheshire.

Ao chegar, o apartamento estava em silêncio, com uma luz tênue que sumia na madeira escura dos móveis, o brilho denso da prataria e a biblioteca que, ao contrário do que se poderia pensar, não era excessiva. Eu ainda esperava fazer a entrevista, ainda que já não me importasse tanto. Borges se retirou um momento e regressou.

— Venha – disse-me – quero lhe mostrar algo.

Levou-me até o seu quarto. Era como uma sela branca de um monastério. Lembro-me da cama, austera. Um tigre de gesso na parede, cujo corpo era azul e estava atravessado por nuvens, presente de María Kodoma. Uma pequena estante e à direita da porta de entrada, a reprodução de uma gravura de Dürer. Era *Ritter, Tod und Teufel* [*O cavalheiro, a morte e o diabo*], que havia inspirado dois poemas de *Elogio da sombra* (1969).

— Esta gravura é como um conto fantástico – disse Borges. E logo apontando a estante, descobriu o tesouro e disse:

— Esta biblioteca é a mais completa da América Latina sobre literatura anglo-saxã antiga.

Quando voltamos à sala, já passavam das dez e Borges me perguntou se eu sabia escrever a máquina, porque desejava ditar-me um prólogo. Se só escrevesse com dois dedos, acredito que teria mentido, porque a mera possibilidade de ver Borges compor uma só página era como um desvio do tempo, um desvio alucinatório para qualquer leitor borgiano. Muitos amigos de Borges, próximos ou distantes, haviam visto essa cena que eu esperava com a credulidade nervosa de um menino, muitos tinham sido seus escreventes. A cegueira completava esse circuito impossível: a voz do escrito que dita a seu leitor o que ele mesmo escreve, lendo-lhe.

— Aqui está a máquina, nesta caixa. Abra-a. No caixote tem papel. Vou ditar-lhe o prólogo para uma antologia de Leopoldo Lugones – disse.

O texto apareceria em oitenta e dois. Não recordo uma linha do escrevi, como se, à medida que o fazia, uma maré de esquecimento viesse apagando. Quando anos depois encontrei o prólogo, foi impossível para mim reconhecê-lo, porque não podia evocar com precisão nenhuma palavra. Mas nada disso importava, porque vi e li, nesse momento único, aquilo que Borges me ditava, e logo esqueci, como em um sonho. Esta sensação de irrealidade era, por suposto, alentada pela própria literatura de Borges: era uma invenção de Borges.

Compunha a frase palavra por palavra, de três em três ou de quatro em quatro e a repetia a si mesmo. Fechou os olhos e começou a se balançar ligeiramente, como se seguisse um ritmo ou como se a frase o arrebatasse em uma cadência corporal. Repetia a si mesmo a frase como uma espécie de reza e pronto, tal como tivesse se despertado repentinamente de um sonho, ordenava-me: "Escreva". Logo eu relia o escrito e ele continuava a frase. Quase nunca fazia silêncio: podia se escutar o ritmo nessa voz grávida de velhice que buscava variações nos adjetivos e modificava os termos e se perdia e se reencontrava em um rosário sussurrado. A voz de Borges.

Borges inverteu os termos do ideal estético dos anos vinte – que buscava sua eficácia no tom conversacional, no modelo arquetípico da conversa portenha – ao recuperar a métrica por meio de suas virtudes mnemotécnicas, quando a origem mesma do verso foi forçosamente oral. Talvez como nenhum outro escritor do século vinte, toda a literatura de Borges escrita desde os anos sessenta tem sua origem no ditado, isso é, *na inflexão oral*, na fala borgiana que os anos aprofundaram. Não é um fato menor: afeta o conjunto de estilo, o modo de compor e simultaneamente a confirmação de um arquétipo. Também não é um acaso que o primeiro livro de Borges que abre esse período seja *O fazedor* (1960), onde encontramos esse primeiro texto que alude a Homero, o poeta cego, que começa a se demorar nos gozos da memória e que frequenta "um rumor de glória e de hexâmetros"; o texto canônico sobre o desdobramento entre uma figura pública e outra privada que se distancia na escrita do outro, isto é, a extraordinária página chamada "Borges e eu"; e, enfim, o epílogo que finaliza com a figura do homem que se propõe a desenhar o mundo, ao longo do ano povoa o espaço de imagens e pouco antes de morrer descobre que nesse "paciente labirinto de linhas" desenhou a sua face.

O dom daquela noite foi para mim perceber o ato mesmo de uma escrita e de sua articulação corporal, que por sua vez representa seu próprio arquétipo. O escritor cego que dilata sua figura em uma maré de oralidade. Curiosamente o próprio corpo de Borges se modificava: os biógrafos e os amigos coincidem em dizer que desde então seu corpo "se afina", "se estiliza", se "torna etéreo". Ao mesmo tempo, no curso dos anos, outro gênero vai se impondo, quase como um novo gênero borgiano: o diálogo, a conferência, a entrevista. Borges não para de dá-las, recebe a todos, gera uma multiplicidade de pontos de vista, de opiniões, de minibiografias, de anedotas. Constrói uma espécie de obra paralela feita exclusivamente pelo intercâmbio oral. Ainda estão por se estudar as estratégias e as variantes deste vasto conjunto de matérias. Apenas na minha biblioteca encontrei mais de quinze livros de entrevistas com Borges e não sei de outro escritor que o iguale neste século. Estão os de Burgin, Milleret, Irby, María Esther Vázquez, Alifano, Carrizo, Montenegro, Sorrentino, Rodríguez Monegal, Montechia, Victoria Ocampo, César Fernández Moreno, Braceli, Baroni, Peicovich, os quatro volumes de Ferrari, sem contar as inumeráveis notas jornalísticas, radialísticas e televisivas e os encontros informais ou quase anônimos, como o meu.

Esse homem, espécie de avatar de sua própria lenda, feito de oralidade e cegueira, essa noite desprendia diante de mim sua resplandecente escrita em ato, ao ditar-me umas dez linhas, nas quais demorou mais de meia hora. Havia tido a ideia de entrevistá-lo para justificar torpemente meus modestos descobrimentos destinados a uma monografia sobre sua obra e apresentá-la a uma disciplina na faculdade de letras, que então cursava, mas Borges se distraía com frequência de minha afanosa busca por um argumento de autoridade, dissolvendo-a com um desapego vagamente irônico e por vezes amável, que transformava de imediato essa entrevista prolixa em um desvio casual da conversa. Disse-me então uma das mais simples e exatas defesas da liberdade de leitura feitas por um autor e logo uma confissão que eu não conhecia sobre a leitura de *Fervor de Buenos Aires*, feita por seu pai:

— Eu escrevi meus contos uma vez, vocês os leram muitas vezes. Eu os escrevi sem um grande prazer, vocês os leram com prazer. Esses contos são mais de vocês do que meus, sendo assim, façam o que quiserem com eles. Um conto está aí para isso, está para ser usado, não para ser recebido rigidamente, solenemente. Passei a vida escrevendo e nunca pensei que alguém leria o que escrevo. Quando escrevi meu primeiro livro, *Fervor de Buenos Aires*, em 1923, a edição tinha trezentos exemplares. Dividi esses exemplares entre meus amigos, não mandei a escritores famosos nem os pus à venda. Esses exemplares foram se espalhando e ao final fiquei sem nenhum. Mas encontrei um que meu pai tinha escondido e havia feito anotações, tinha muitas supressões, muitas emendas, das quais me aproveitei para a reedição do livro, muitos anos depois. Ele nunca me disse uma palavra sobre o livro. Vê-se que ele o havia lido, que não tinha gostado muito, que havia marcado alguns versos como bons. Nunca pedi sua opinião porque tinha medo que fosse adversa, e soube que leu e releu o livro quando encontrei o exemplar com anotações feitas por ele.

Antes de iniciar o diálogo, me disse: "O melhor será que me faça algumas perguntas". E agregou, com uma brincadeira solene: "Não vou te brindar com um discurso para a Juventude de Ramos Mejía". E quando me dispensou, ao saber que eu voltaria para o oeste suburbano, lembrou-se dos irmãos Dabove, quando lhe contavam histórias dos brigões de Morón. Disse-me que havia chegado a conhecer alguns *cuchilleros*[19] em Palermo e em Turdera, e que logo depois desapareceram com o uso das armas de fogo:

— Alguns dos famosos valentões de Avellaneda já tinham trocado as facas por revólveres – disse –, e haviam sido considerados muito frouxos antes, quando um homem briguento tinha que se defender com sua faca. No *Quijote* e em Quevedo aparece isso: as armas de fogo favorecem ao certeiro e não ao valente. O fato de usar uma arma de fogo era, possivelmente, um artifício de covardia.

Lembrei-me de um artigo de 1978, quando Borges se opôs à possibilidade de uma guerra contra o Chile. Na época, refutou uma coluna,

19 *Cuchilleros* são homens do subúrbio que trabalham no campo ou como guarda-costas de políticos. Se destacavam ao dançar tango, eram violentos, arrogantes, machistas e arruaceiros, mas também valentes nas lutas corpo a corpo, para as quais usavam a faca [*cuchillo*] em duelos de morte, continuando a tradição gauchesca. Daí o termo *cuchilleros* para designá-los. Com a aparição e o uso das armas de fogo, acabaram as lutas com facas. Eram chamados de *guapos* ou *compadritos*, e estão muito relacionados à cultura do tango. Borges os conheceu no bairro natal de Palermo, e vários de seus contos, poemas e ensaios tratam destes personagens dos bairros distantes e pobres [*orillas*] de Buenos Aires.

aparecida no jornal *La Prensa*, do jornalista Manfred Schönfeld, apologista da ditadura de 1976, do possível confronto com o Chile e, logo, da guerra das Malvinas, intitulado "Borges e o crime de guerra", que dizia, forçosamente literal e brutalmente reacionário: "A guerra, a coragem e a crueldade que chega a um nível de soberba demoníaca acompanham o leitor de Borges com retumbantes pulsações nietzschianas. (...) Com semelhantes antecedentes, o homem que é na atualidade a figura ilustre da vida intelectual argentina não deveria se assombrar – nem se horrorizar – ante o fato de que se fale da guerra como uma possibilidade". Borges respondeu alguns dias depois, no mesmo jornal, alegando que seu curioso destino não era argumentar contra um agressor, mas "defender-se de um defensor":

> Eu afirmei que a guerra que nos ameaça seria uma insensatez e um crime, não que todas as guerras o sejam. Com relação ao abundante arsenal que o autor do artigo coletou ao longo de uma obra de meio século, basta-me aclarar que não me identifico com esses argumentos. Não exaltei a "sórdida faca" (o adjetivo é meu) de Juan Muraña; minhas milongas[20] sobre *orilleros*[21] não são didáticas. Não sou nenhum dos irmão de Nielsen de "A intrusa". Acusar-me disso seria como acusar de pirataria em alto-mar a Robert Louis Stevenson, cujas charmosas páginas abundam em piratas. (...) Escreve meu crítico: "Se algum dia, em um ponto de alguma fronteira que preferimos não precisar, um soldado argentino que talvez não tenha lido o "Poema conjectural" sentisse uma "íntima baionetada" em sua garganta, diria Jorge Luis Borges que a guerra é um crime, ou diria que esse soldado se encontrou com o seu destino sul-americano?". Precisamente se me oponho

20 Composição musical folclórica argentina. (N.T.)
21 *Orillero* é o morador dos bairros distantes e abandonados (*orillas*), limítrofes com a planície que cerca a cidade de Buenos Aires. Muitas vezes o *orillero* é também um trabalhador do matadouro, e, por essa razão, muito hábil no manejo da faca. (N.T.)

a uma guerra é para salvar esse jovem, argentino ou chileno (os homens não se medem com mapas), da baioneta que o senhor Schönfeld agrega a sua já considerável armadura."[22]

Transcrevo boa parte da entrevista feita com Borges naquela noite. Conservo alguns termos e redundâncias próprios da oralidade, que talvez o escritor deploraria, somente porque ao fazê-lo tenho a ilusão de conservar algo do ritmo de sua dicção.

Fora as razões biográficas, que muitas vezes evocou, que outras razões o inclinaram à escrita de contos fantásticos?

Por duas razões: uma, o hábito de ler contos fantásticos, e a outra, o costume de sentir as coisas como fantásticas, de sentir minha vida como fantástica. Essa é a verdadeira. Perguntaram a Joseph Conrad se um conto dele, que se chama "The Shadow-Line", "A linha de sombra", era um conto realista ou um conto fantástico. Respondeu admiravelmente: "O mundo é tão misterioso, é tão fantástico, que tratar de escrever algo fantástico é uma ousadia, é uma insensibilidade". Isto é, estamos num mundo fantástico.

Neste caso, a literatura seria sempre realista...

Sim, melhor dizendo, toda literatura seria fantástica. É o mesmo. Como eu vivo nisso – ainda que eu não me assemelhe a Chesterton, sem dúvidas –, me encontro em um estado de assombro incessante... Me assombram as coisas, tudo me parece estranho. O fato de estar conversando com você agora. O fato de haver rascunhado esse prólogo em um dia – eu sei que o ditei a você, você o tirou de mim: tudo me parece estranho. O fato de estar em Roma, de ter estado em Portugal... Talvez logo eu esteja em Nova York. Tudo isso é surpreendente e sou muito grato também. Eu agradeço por tudo isso.

22 Jorge Luis Borges, *La Prensa*, 6 de setembro de 1978, recompilado em *Textos recobrados 1956-1986*. Buenos Aires: Emecé, 2003.

Sua escrita parte da perplexidade?

Eu creio que sim. Aristóteles disse que o assombro é a raiz da filosofia. É uma linda ideia. A gente se pergunta: o que é este mundo? O que sou? Quem sou? Essas dúvidas organizadas são a filosofia. Por isso me chama tanto a atenção uma espécie de catecismo de um professor de filosofia, cujo nome não quero lembrar, na Faculdade de Filosofia e Letras, que começava assim – e era preciso repeti-lo exatamente, não se deveria variar a sintaxe nem mudar as palavras –: "Pergunta: 'O que é a filosofia?' Resposta: 'Um conhecimento claro e direto'". Ponto. Eu diria melhor, que a filosofia é um sistema de perplexidades. Se eu digo a você que a continuação da rua Esmeralda se chama Lima ou se chama Pedras, se trata de um conhecimento claro, mas não sei se tem algum valor filosófico. Ou "sete e quatro são onze" é claro e certo, mas não tem nenhum valor filosófico. A filosofia é mais a organização das dúvidas do nome, ou uma possível organização...

Um plano do labirinto, como você escreveu uma vez ...

Um plano do labirinto, sim. Recordo que Thomas De Quincey disse que não menos importante que o descobrimento de uma solução pode ser o descobrimento de um problema. Linda ideia, não? Porque um problema é algo que pode ser um alimento, pode ser um ponto de partida, pode ser um manancial.

Agora, previamente a uma sistematização que supõe a filosofia, houve mitos. Como explicaria a aparição de mitos?

Acredito, por razões históricas, que o modo primitivo de pensar é o mito e que o pensamento abstrato chega depois. Eu creio que há um momento no qual é possível usar ambas as linguagens e que isso corresponde, digamos, ao quinto século antes da era cristã, quando Platão escreve seus *Diálogos*. Por exemplo, naquele que recria a última tarde de Sócrates, quando ele discute a imortalidade da alma. É um tema que lhe importa muito, porque ele está morrendo e quer saber se seguirá conversando com outros amigos em outro mundo ou se há de ser apagado. Nesse diálogo sobre a imortalidade, é muito curioso que ele usa, *simultaneamente*, raciocínios e mitos. Isto é, naquele momento ainda era possível pensar de ambos os modos. Em troca, agora pensamos de um modo, com raciocínios, e sonhamos de outro, com mitos.

Isto é, sonhamos com mitos e pensamos por meio de abstrações...

Sim, mas Platão podia usar ambos os meios, talvez sem se dar conta da diferença. Mas há um livro, o *Livro de Jó*, que teria que estar escrito com raciocínios, e, no entanto, ao lê-lo, qualquer um comprova que não há argumentos, o que há são mitos. Deus nos diz que é inexplicável, mas Deus fala de Leviatã e Beemote, e os personagens não usam argumentos, usam metáforas. Talvez o mito e a metáfora correspondam a um modo mais antigo, e o pensamento abstrato tem que ser mais recente. Além disso, isso prova, creio, com a linguagem, por que Emerson disse que toda linguagem é poesia fóssil, "*fossil poetry*". Isto é, que todas as palavras abstratas tiveram primeiro um sentido concreto, físico. Por exemplo, no inglês antigo está a palavra *tyt*, e essa palavra significava maré, que em inglês ficou como *tide* e depois *time*, tempo. Mas se começou pela maré, que é um ato físico, e se chegou depois à ideia abstrata de tempo. Há uma frase inglesa que diz: "*Time and tide wait for no man*", "o tempo e a maré não esperam por ninguém", mas realmente viria a ser o mesmo. Ou na palavra *remorso*: primeiro há uma imagem, a ideia de voltar a morder, remorder. E depois se passou ao sentido abstrato. Fulano tem remorso na consciência. E acredito que existam idiomas, o guarani é um deles, nos quais só constem palavras concretas. O abstrato vem depois e começa pelo concreto. Isto é, a linguagem está repleta de metáforas. Ou o que dizia Emerson, "a linguagem é poesia fóssil", o que é uma metáfora, também.

Sustenta então, como escreveu uma vez, que a raiz da linguagem é de caráter irracional e mágico?

Suspeito que é assim, mas é uma mera conjectura minha. Eu creio que escrevi, de fato, que era um erro dizer que Thor é o deus do trovão, já que, sem dúvida, para os germanos, o trovão e o deus não eram distintos.

Isto é, era um símbolo.

Bom, a palavra Thor significava a divindade e significava o valor do trovão. Não se dividiam as duas coisas...

É claro, e por isso era um símbolo. Etimologicamente a palavra *símbolo* provém do grego e significava unir, juntar duas coisas.

Sim. Eu li que se você permanecesse um tempo em uma casa, quando se ia, pegavam um anel, quebravam e lhe davam um pedaço. Isso se chamava "símbolo". Assim, quando você voltava, ou seu filho ou seu neto voltavam e traziam a metade do anel, este se unia com a outra metade, com a outra parte do anel, do círculo.

Acredita que é lícito afirmar que o mítico, esse começo irracional do pensamento que você menciona, persiste no conto fantástico?

Em todo caso, toda a literatura é fantástica, é feita de palavras, e as palavras, como dissemos, são feitas de metáforas. Eu acredito que toda a literatura é irreal. Ninguém crê que em algum lugar de La Mancha viveu um fidalgo chamado Alonso Quijano que enlouqueceu lendo livros de cavalaria, ninguém crê nisso.

Mas às vezes há uma diferença entre o relato "realista" e o relato "fantástico" que...

Uma diferença de grau, nada mais... Por exemplo, se supõe que *Martín Fierro* é "realista", no entanto os personagens falam em verso e há outras singularidades também. Lembro que uma das coisas que me chamou atenção quando era menino... Eu li o *Martín Fierro* às escondidas, porque me haviam proibido de ler "essa grosseria", mas consegui um exemplar. E quando li o momento em que Cruz se alia com Fierro e lhe conta a sua história, ainda que fosse criança, senti: "Não, isto não foi assim. Sem dúvida não falaram nada. Sem dúvida Fierro foi conhecendo a história de Cruz pouco a pouco". Certamente esta crítica é injusta, porque Hernández não se propôs a fazer uma obra realista. Eu creio que se isso tivesse ocorrido, teria ocorrido assim. E logo pensei, faz pouco, que uma das irrealidades de *Quixote* são as famosas conversas entre o fidalgo e o escudeiro, porque o fidalgo conversar desse modo me parece muito natural, mas que o escudeiro o responda com esses argumentos retóricos, me parece falso.

A diferença que eu queria mencionar é que certos relatos postulam, virtualmente, uma série de possíveis continuidades na trama e elegem uma; em troca, em muitos de seus contos fantásticos há várias, ou no mínimo duas continuidades possíveis e simultâneas...

Isso eu apreendi com Henry James, sobretudo com o conto "A outra volta do parafuso", como traduziu admiravelmente Pepe Bianco o título "*The Turn of the Screw*". Esse conto foi feito para ser ambíguo. Quando pediam a James uma explicação, ele dizia que isso não tinha nenhuma importância e que havia escrito o conto para ganhar uns trocados, mas isso ele fazia para manter e salvar a ambiguidade de seu conto. Ele sabia que se desse uma solução, eliminaria as outras. E eu estava pensando em James quando escrevi o conto "O Sul", que pode ser lido de vários modos. Podemos pensar que ocorrem os fatos tal como os lemos; podemos pensar que o personagem morre na operação e que o resto do conto é algo que ele sonha sob o efeito da anestesia; ou podemos lê-lo como uma parábola de que todo homem morre por aquilo que quer: este homem se encontra com o Sul e o Sul o mata. Isto é, ali há três leituras possíveis. Dante, na epístola ao Cangrande della Scala, explica que seu poema pode ser lido de quatro modos distintos, e os enumera. Escoto Erígena compara a escritura com a plumagem colorida de um pavão real: pode ser lida de um modo infinito. Creio que os judeus diziam que o Autor, o Espírito, Deus havia criado o mundo, havia criado a Bíblia, e já que também havia criado cada um dos leitores, então deveria ter criado um sentido diferente para cada um dos membros de Israel. Acredito que tratei em meus contos de ser ambíguo: depois de tudo, a ambiguidade é uma riqueza. Que um texto possa ser lido de vários modos pode ser racionalmente um erro, mas esteticamente uma virtude. No entanto, acredito que há textos que, certamente, não exigem verossimilhança. O conto de Chesterton, "A cruz azul", não foi escrito para ser acreditado, mas para ser sonhado. Ou para que o leitor compartilhe do sonho de Chesterton.

Ao falar de "verossimilhança", o que você entende por isso, Borges?

"Verossimilhança" é uma palavra que tem sido mal utilizada. O importante não é que acreditemos na verdade histórica daquilo que se narra; ao invés disso, é necessário que acreditemos que o autor, ao escrever, era fiel a seu sonho, ou acreditava nesse sonho. O que pode arruinar um livro é o fato de que sintamos que o autor é irresponsável, e isso costuma ocorrer; mas se sentimos que o autor está imaginando lealmente, que está sonhando rigorosamente, tudo está bem. Mas se pensamos que ele colocou algo porque nada mais lhe veio à mente, que está trapaceando, então o autor fracassou, ou, melhor dizendo, o texto do autor fracassou.

De modo que é preciso acreditar na crença do escritor? Isso seria a verossimilhança, então?

Sim, crer na crença. O que importa é que se creia nisso que o poeta cria. O verossímil seria o que parece um sonho sincero, não a simulação de um sonho.

O verossímil não seria, então, uma convenção...

É uma conjectura minha, que poderia ser falsa. Um leitor pode não ter pensado no que penso agora, no entanto trabalha de acordo com isso. Muitas vezes senti, lendo um livro: "Isto é algo que não foi imaginado pelo autor, está feito apenas de palavras". Não sei se você leu *Os trabalhos de Persiles e Segismunda*, de Cervantes. Esse é um livro que ninguém pode ler com credulidade, porque se dá conta de que o autor está mentindo, não no sentido de que é infiel à verdadeira história, mas no sentido de que ele simula, não é fiel a si mesmo. Infiel a seu sonho, ou melhor, não teve nenhum sonho, porque tudo está feito de palavras. Ao contrário disso, há livros de sonhos sonhados sinceramente, e são literaturas preciosas, como *As mil e uma noites*, por exemplo, ou as fábulas de Chesterton, ou *Orlando furioso*, de Ariosto. É possível sentir que os autores acreditaram em tudo isso.

O que não supõe saber tudo sobre o que se narra. Como no seu conto "A aproximação a Almotásim" [leio]: "Ao cabo dos anos, o estudante chega a uma galeria 'em cujo fundo há uma porta e uma esteira barata com muitas contas e atrás um resplendor'. O estudante bate palmas uma, duas vezes e chama por Almotásim. Uma voz de homem – a incrível voz de Almotásim – o convida a entrar. O estudante afasta a cortina e avança. Nesse ponto termina o romance".

Com esse conto acontece o mesmo que com o conto "*There are more things*": se é revelado vem abaixo, porque eu não sei o que é, insinuo algo que não possuo. Alguém veio me visitar e me disse que lhe venderam uma edição de uns contos meus aos quais faltava o final; dizia que em "*There are more things*" faltava a descrição do monstro. Não, não falta, disse-lhe, porque sabia que toda descrição seria ridícula. É melhor que o conto cesse porque não se pode ir além. Talvez um grande escritor poderia descrever um monstro, mas eu creio que não, porque o efeito foi dado, já que todos estão aterrados por ele, e além disso, porque seria a descrição de algo impossível: se eu dissesse que tinha três cabeças e sete chifres seria certamente ridículo, não? É melhor que não se saiba.

O escritor, então, também ignora parcialmente esse sonho...

Escrevi um conto chamado "A memória de Shakespeare": uma pessoa entrega a outra a memória de Shakespeare, e está assombrada por essa memória, como Funes por sua memória infinita. Esse conto me foi dado em um sonho, em East Lansing. Lembro que me despertei e logo, conversando com Maria Kodama, disse: "Sonhei um sonho intrincado, e desse sonho me ficou uma frase: 'vendo a ti as memórias de Shakespeare'". E dali saiu todo o conto. Na primeira versão, vendia-se a memória, mas logo compreendi que a transação comercial era desvantajosa para o conto e preferi que uma pessoa desse essa memória a outra para livrar-se dela, pois assim se sabe, desde o princípio, que ter a memória de Shakespeare é um presente de grego, pode ser terrível. Eu comecei a brincar com essa frase do sonho e a escrever o conto. Havia escrito quatro páginas quando compreendi que havia me equivocado e que a ideia da venda da memória era um erro.

É possível pensar que a variedade de possibilidades que é dada ao leitor em muitos de seus contos fantásticos é...

E em algum conto realista também, por que não? Por exemplo, nesse sobre a morte da minha tia-bisavó, "A senhora mais velha". Isso aconteceu exatamente assim. A família a matou, realmente, inferindo a ela essas celebrações, essas visitas para relembrar o aniversário da guerra?

Lembrei-me vagamente de um conto de Henry James que trata de um escritor assombrado...

Assombrado pela indiferença das pessoas que gostam dele: "A morte do leão". Mas no caso da minha tia-bisavó, a ideia é de que ela "foi morta" pelos filhos e netos, por essa vã celebração do centenário, e acabaram com ela.

A coincidência seria que sua morte fora causada por gente que a amava?

Mas ao mesmo tempo encontrei outro caminho. Pensei na batalha de Junín, a qual dei outro nome, Cerro Largo. E escrevo ao final do conto que a última vítima dessa batalha foi essa senhora, a bisneta do coronel que havia vencido. Essa batalha a mata, ou a celebração dessa batalha a mata.

Um crítico norte-americano, Carter Wheelock, em seu livro *The Mythmaker*, diz que você oferece...

Mas se refere a mim ou a Kipling? *The Mythmaker* eu o ouvi aplicado a Kipling, diziam que ele tinha "*the mythmaker mind*", a mente fazedora de mitos.

Bem, Wheelock diz o mesmo de você.

Caramba! Estou, como diria Góngora, "ilustremente acompanhado": "piso, ainda que ilustremente acompanhado, / a nobre arena com humilde planta".[23]

Por que você acha que ele disse isso?

Talvez pense que meus contos têm a força de um mito...?

Afirma que a mentalidade primitiva, a mente dos fazedores de mitos, é uma mente fluida que não submete as percepções do universo a um só sistema, de modo que a variação de possibilidades que oferecem seus contos, como antes comecei a dizer, se assemelha a esse universo fluido e inconstante do mito.

E isso corresponderia à infância também. Tínhamos o costume de contar os sonhos. Uma vez perguntei ao meu sobrinho Miguel, que tinha

23 Os versos do poema de Góngora correspondem ao soneto 62, de 1582, dedicado ao rio Guadalquivir e não dizem "ilustramente acompanhado", mas "ilustremente enamorado": "piso, ainda que ilustramente enamorado, / a nobre arena com humilde planta" (Luis de Góngora. *Sonetos completos*. Edición de Biruté Ciplijauskaité. Madrid, Cátedra, 1976, p. 127). Não é possível discernir se a ironia de Borges corresponde a um erro deliberado ou não.

seis anos, ou talvez menos, os sonhos daquela noite. Ele me disse que havia se perdido em um bosque, que havia encontrado uma casinha e que dessa casinha saiu eu. E me disse: "O que estava fazendo na casinha?". Contei isso muitas vezes e está no *Livro dos sonhos*. Ali é possível ver como tudo conflui na vigília e no sonho.

Frequentemente essa confluência entre ambas as dimensões está dada em seus contos por uma passagem física: corredores, galerias, escadas, canais, atalhos, umbrais ou ruas que se atravessam. Como em "O Sul", que diz: "Quem atravessa essa rua entra em um mundo mais antigo e mais fixo". E labirintos, que são uma série de corredores, galerias.

Parece então que é um hábito, um mau costume de minha pena do qual não me livro facilmente, e que eu falo de passagens e galerias ao passar de um mundo mais ou menos real a um mundo obviamente irreal. Estou condenado a labirintos. Eu compreendo que esses símbolos podem ser bastante cansativos, mas não encontro outros. Tem que ser "labirinto", não pode ser "*maze*", nem sequer a palavra "dédalo" me serviria. Para mim é inquestionável.

Essa confluência através de uma passagem ocorre também nos livros de *Alice*.

Certamente. Você lembra que na gravura há um relógio invertido? Estranho que as ilustrações de Tenniel desagradassem tanto a Lewis Carroll, enquanto para nós já são parte integral do livro. Na Everyman's Library há uma edição dos livros de Alice – *Alice in Wonderland* e *Throught the Looking Glass* – com as ilustrações de Carroll, que são realmente uma vergonha: são muito fracas e parecem feitas pelo lápis de um menino. Mas as ilustrou assim, com muita torpeza e de um modo infantil, porque não gostava das ilustrações de Tenniel. Provavelmente as imaginava de forma diferente, porque as ilustrações são bem sólidas, parece que tiveram três dimensões. Tudo é maciço. Talvez isso incomodasse Lewis Carroll. Ainda que talvez a nenhum autor as ilustrações sejam de seu agrado, porque ele imagina as coisas de um modo e o ilustrador imagina de outro. Quando Henry James autorizou a publicação de suas obras completas ilustradas, estipulou que as ilustrações tinham que ser vagas, que em nenhum momento poderiam representar um personagem. Suponho que a razão é esta: o leitor vê a imagem e a aceita imediatamente; em troca, a leitura é sucessiva, vai se imaginando uma característica, depois a outra.

Voltando à ideia dos fazedores de mitos, Bergson falava da "função fabuladora" como aquela que pertence ao homem e possibilita as religiões, os mitos, o hábito de contar fábulas. Essa função também vincularia a ficção ao mito. Acredita que existe essa função fabuladora?

Creio que sim. Afinal existem todas as noites, quando sonhamos, sem nenhum propósito literário. Todas as noites somos, como dizia Joseph Addison, o teatro, o cenário, os espectadores, os atores e também o inventor da trama: cada noite somos tudo isso.

"O sonho (autor de representações)..."

"...em seu teatro, sobre o vento armado, / sombras costumam se disfarçar com aparência [*bulto*] bela". Eu me lembro como *vulto*. E você, como lembra? Porque me disseram que não, que é *bulto*. Mas Góngora escreve "vulto" no sentido de *vultus*, que é rosto, aspecto, e não de *bulto* como algo... Avultado.[24]

Recordo que na minha edição dos sonetos está escrito vulto. Mas você sugere que é um latinismo: *vultus*, aparência.

Deve ser um erro, porque vulto é uma palavra bem conhecida, e *vultus*, como aparência, não. Tem que ser "rosto". "O sonho (autor de

24 O verso original do poeta espanhol Luis de Góngora diz: *sombras suele vestir de bulto bello*. Borges se refere à diferença entre "bulto" e "vulto" (latinismo que provém de *vultus*, rosto). Góngora criava palavras en espanhol a partir do latim, por isso a indecisão entre "bulto" e "vulto". A palavra "bulto" significou finalmente "volume ou tamanho de alguna cosa", embora de fato seja proveniente do latim *vultus*, rosto.

representações) / em seu teatro sobre o vento armado, / sombras costumam vestir um rosto belo".[25] Deveria ser assim. Recordo um verso desse soneto tão lindo de Dante Gabriel Rossetti: *sleep sank them lower than the tide of dreams*, "o sonho os afundou para mais baixo que a maré dos sonhos". Que linda imagem, não?[26]

É verdade, Borges, que cada língua supõe um modo diferente de conceber o mundo?

Sim, eu suponho que cada idioma é um modo distinto de conceber a vida e o universo. Que estranho... Eu estive com uma jovem na

25 Em "Soledad premera", de Góngora, lê-se: "Não a que, em rosto [*bulto*] de princípio humano, / acaba em mortal fera, / esfinge graduada, / que faz hoje a Narciso / ecos solicitar, desdenhar fontes" (Luis de Góngora, *Soledades*, Edición de Amado Alonso, Madrid, Alianza Editorial, 1982, p. 42).
26 O poema de Dante Gabriel Rossetti é "Nuptial Sleep", soneto V da primeira série de *The House of Life*, incluído em *Poems*, London, F. S. Ellis, 1870, p. 193. Rossetti intitulou a série: "Sonnets and songs, Towards a Work to be Called 'The House of Life'" (p. 188) e em uma nota de pé advertia que os vinte e oito sonetos incluídos e as sete canções tratavam sobre o amor e pertenciam a diferentes seções da obra projetada. A versão completa da série *The House of Life* apareceu em *Ballads and Sonnets* (London: Ellis and White, 1881), mas não inclui o soneto "Nuptial Sleep":

At length their long kiss severed, with sweet smart:
And as the last slow sudden drops are shed
From sparkling eaves when all the storm has fled,
So singly flagged the pulses of each heart.
Their bosoms sundered, with the opening start
Of married flowers to either side outspread
From the knit stem; yet still their mouths, burnt red,
Fawned on each other where they lay apart.

Sleep sank them lower than the tide of dreams,
And their dreams watched them sink, and slid away.
Slowly their souls swam up again, through gleams
Of watered light and dull drowned waifs of day;
Till from some wonder of new woods and streams
He woke, and wondered more: for there she lay.

A edição em espanhol de Adolfo Sarabia, com sua tradução e notas (*La casa de la vida*, Madrid, Hiperión, 1996) também não inclui "Nuptial Sleep" porque segue a edição de 1881.

Inglaterra e também falamos disso. Disse-lhe que na realidade um dicionário bilíngue é impossível. Certamente são necessários e eu mesmo os uso. Mas, vamos ver um exemplo muito simples: a palavra *lua* é exatamente igual à palavra *moon*? Creio que não. Porque, inicialmente, *moon* parece mais adequado, já que a lua [*luna*] nos parece algo simples e *moon* é uma palavra monossilábica. Logo fica essa lentidão à qual a voz se vê obrigada por *moon*, e isso parece condizer com a lua. Se isso se dá em palavras tão simples (embora eu não saiba até onde são simples, porque estão carregadas de poesia, de obras literárias, de versos), se isso ocorre nessas palavras, o que esperar de palavras como *bem*, *mal* ou *alma*. Têm que ser concebidas de um modo distinto. Ou, por exemplo, a palavra *mar*, para os espanhóis não estava carregada especialmente de nada. Você vê que na literatura espanhola quase não figura o mar. Já para os escandinavos, para os ingleses, para os portugueses, para os gregos, o mar está aí, e a prova é que havia um deus do mar. De modo que se isso se dá com palavras simples como *mar* ou *lua*, o que acontecerá com as outras? Eu havia proposto a Xul Solar que estudasse inglês antigo conosco, anglo-saxão. E me disse: "Não, eu queria estudar um idioma no qual possa pensar". E eu não acredito que ninguém possa pensar em inglês ou, se o faz, faz trapaceando, porque os saxões eram pessoas muito simples, eram guerreiros, sacerdotes, lenhadores, navegantes. Não sei se eram capazes de pensamento abstrato. Possivelmente não. Somente foram capazes de pensamento poético. Sim, eu creio que sim, que tendemos a pensar o mundo por meio da linguagem. Bacon fala dos ídolos do mercado, que são as palavras, "ídolos do foro". Bacon dizia que para os tontos as palavras são algo assim como deuses, e para os inteligentes são fichas, isto é, valores convencionais. Mas a ideia de Fritz Mauthner é mais curiosa. Diz que a linguagem serve para fins estéticos, isto é, que a linguagem serve para a poesia, não para o conhecimento.

Ideia parecida com a de Croce?

Croce pensava que linguagem é expressão. Vem a ser o que estamos dizendo o tempo todo.

Um fenômeno estético.

Um fenômeno estético, sim. De tal modo que as traduções seriam muito difíceis. Maria Kodama esteve me falando sobre Mishima, um grande escritor japonês. Parece que Mishima não só aprendeu inglês, como se acostumou durante um tempo a pensar em inglês. E eu creio que se alguém não pensa em um idioma, não o conhece. Isso pode ser visto nos sonhos. Com minha irmã, por exemplo, chegamos juntos em Genebra no ano quatorze. Vivemos ali até 1920 ou 1921, e falávamos francês o dia todo. Mas eu nunca cheguei a sonhar em francês. Quando dou uma conferência nessa língua, tendo a pensar em castelhano e traduzir. Quando alguém chega a sonhar em um idioma, já é algo íntimo. Cheguei a sonhar em castelhano ou em inglês, mas nunca em francês, muito menos em alemão ou em outras línguas anglo-saxônicas.

Já te aconteceu de enfrentar um objeto e ser arrebatado por uma palavra em outro idioma, de maneira que não é possível se expressar de outro modo?

Que eu me lembre, não. Imagino que se você diz *gong*, que é um nome malaio, não o sente como malaio, mas apenas como o nome *"gong"*. Estava falando com um senhor e disse a ele que em japonês faca se chama *naifu*, que é *knife*, em inglês; colher se chama *shfunu*, que é *spoon* em inglês; e o garfo chama-se *foruku*, que em inglês é *fork*, com duas consoantes seguidas. Então o senhor me disse: "Ah, claro... Não inventam nada!", usando isso como um argumento contra o Japão. Mas não se trata disso, porque sendo objetos novos para a cultura do Japão, chegaram juntas as palavras e as coisas ...

Está bem, você nomeou objetos. Mas diante de sentimentos... Se pensarmos uma palavra como détresse, que etimologicamente tem a ver

com "estreito", mas que é muito mais que isso, a tradução fica mais difícil, porque se trata, a princípio, dessa particular angústia causada pelas privações e inclusive pela fome. Não encontro uma palavra em espanhol que a substitua facilmente.

Sim, é verdade... A *détresse*... Outro dia me disse um amigo, não especialmente supersticioso da língua castelhana, que há uma palavra que não saberia dizer em outro idioma: afã, afãs [*afán, afánes*]. E é verdade, eu não lembro de uma palavra exatamente equivalente. E com *détresse* também é certo, sim ... Afã é algo que alguém tem ...

Uma espécie de anseio ...

Sim, mas anseio [*anhelo*] vem do latim *anhelitus*, que é respiração. Ocorre que todas as palavras abstratas começaram sendo palavras concretas.

A linguagem, então, seria uma espécie de sintoma poético, uma escolha artística, estética.

Sim, creio que sim. Nesse conto "Tlön, Uqbar, Orbis Tertius" imaginei uma linguagem onde nenhuma palavra corresponderia às palavras do que chamamos de mundo real. Uma palavra, por exemplo, na qual se uniram a melancolia, a lua, a contemplação do céu. Alguém poderia imaginar uma só palavra que juntasse tudo isso. Claro que se fosse combinado seria muito torpe. Vieram me ver uns filólogos franceses e me perguntaram se eu acreditava que era possível uma frase totalmente insensata. Lembrei-me então de uma conversa que aconteceu por volta de mil novecentos e vinte e tantos entre Gonzaléz Lanuza e meu pai. González Lanuza dizia que ele se havia dedicado, não em todo momento, mas como uma brincadeira, a escrever disparates, frases que não queriam dizer nada. Meu pai, que era professor de psicologia, disse-lhe que isso era impossível. Lembro que os exemplos de González Lanuza eram estes: "O chocolate em mangas de camisas", ao qual meu padre disse "Não, não é um disparate. Pode significar uma reunião de pessoas com mangas de camisas que estão tomando chocolate". "Não por muito madrugar, partituras para piano",[27] disse González Lanuza. "Isso – dizia meu pai – pode significar que alguém fez muitos esforços e não conseguiu uma partitura para colocar em cima de um piano". E o terceiro exemplo de Gonzaléz Lanuza era: "Diga-me com quem andas e te darei um colete de quadros".[28] Então meu pai disse: "Ah, não! Isso é suborno!" (risos). Disse-lhe que estes senhores me trouxeram uma frase de Chomsky. Em inglês seria: "*Coloursless green ideas furiously dreaming*", isto é, "ideias incolores e verdes dormindo furiosamente". Agora, segundo Chomsky, essa frase não tem sentido. Mas eu não sei se isso não tem sentido. Logo sugere algo, é uma frase poética. Primeiro diz "incolor", logo "verde". Isso é uma contradição, mas ao mesmo tempo pode significar um verde muito pálido. "Furiosamente" pode ser "impetuosamente", dormindo com vontade. Por que não "ideias de um verde pálido dormindo profundamente"? Além disso, eu posso imaginar outra frase disparate: "Três e quatro é igual a vinte e seis milhões". É um disparate e não se parece com a outra. Assim como os exemplos de silogismo que dava Lewis Carroll. Eu os invento neste momento porque não tenho o livro em mãos. Por exemplo: "Todos os tripés são sexta-feira; alface é tripé; logo, alface é sexta-feira". É um silogismo perfeito no que se refere à lógica, mas ao mesmo tempo é ainda mais absurdo que os exemplos de González Lanuza. Carroll chegou a silogismos de doze figuras. Porque a ideia de Carroll é esta: se se toma o exemplo aristotélico "Sócrates é um homem; todos os homens são mortais, logo Sócrates é mortal", isso não serve para o manejo do silogismo porque ninguém sabe de antemão tudo o que o silogismo diz. Em troca, pondo exemplos com palavras que não tenham nada a ver umas com as outras, alguém aprende o manejo da lógica. Stuart Mill dizia que o que havia que dizer

27 Esta frase absurda joga com um dito bem conhecido: "*No por mucho madrugar, se amanece más temprano*" ("Não é por muito madrugar que amanhece mais cedo").

28 Outro jogo de palavras com um dito popular: "Diga-me com quem andas, e te direi quem és".

é isto: "*Se* todos os homens são mortais" (coisa que não sabemos, posto que nem você nem eu morremos ainda e podemos ser os dois primeiros homens imortais), "se todos os homens são mortais e se Sócrates é um homem" (pois pode não ter existido), "logo, Sócrates é mortal". Isso sim, seria condicional. Isto é, o silogismo não serve para a investigação da verdade, porque dizer "todos os homens são mortais" requer uma estatística não só passada, mas também futura.

Quando a entrevista terminou, Borges recordou aquele verso de Dante Gabriel Rossetti que havia mencionado. Disse:

Para usar uma metáfora audaz, fechamos a noite com um broche de ouro. Por que não me lê esse poema de Rossetti, o soneto erótico chamado "*Nuptial sleep*", onde está esse verso "*Sleep sank them lower than the tide of dreams*", "o sono os afundou mais do que a maré dos sonhos"? O livro de Rossetti está ao lado dos seis volumes de Gibbon, *Decline and Fall of the Roman Empire*, da Everyman's Library, e na mesma edição dos poemas de Rossetti.

Na busca, reteve o título de alguns livros. Estava a versão original do *O mundo como vontade e representação*, de Schopenhauer; dois livros de Hinton sobre a quarta dimensão; uma coleção de poemas persas; o *Corão*; uma *História literária da Pérsia*; um volume sobre literatura persa clássica. Não encontrava o livro à primeira vista, mas Borges recordava de memória a ordem de sua biblioteca. Naturalmente, o pequeno livro estava ali. Na última folha havia anotado o título do poema e a página 107. Busquei o texto, que li para ele, enquanto Borges traduzia verso por verso, comentava as imagens e o sentido geral.

— Leia – ordenou. O fiz com timidez e uma pronúncia tremulante, mas não se importou:

"At length their long kiss severed, with sweet smart: / and as the last slow sudden drops are shed / From sparkling eaves when all the storm has fled".

— "Ao fim seu longo beijo se dividiu, com doce pena: / e do mesmo modo em que se derramam as últimas bruscas gotas / das telhas resplandescentes quando toda a tormenta fugiu"... Creio que é indubitável que isso foi feito para que alguém pense no ato sexual, no sêmen. Rossetti não o disse diretamente porque não teria sido poético, mas se entende que essas últimas gotas depois da tormenta correspondem ao orgasmo, não? A tormenta é o ato sexual e as últimas gotas não são gotas de chuva, mas gotas de sêmen, de semente.

"*so singly flagged the pulses of each heart. / Their bosoms sundered,"*

— "assim se detiveram o pulsar de cada coração. / Seus peitos se distanciaram". Porque estavam abraçados e logo pegaram no sono...

— "*with the opening start / of married flowers to either side outspread / from the knit stem;"*

— ..."com a abertura que começa / com flores duplas que se abrem de ambos os lados / do talo unido". Entende-se que as "flores duplas" são eles, os dois amantes que se separam. É raro ser usado como artifício literário, não?

— "*yet still their mouths, burnt red, / fawned on each other where they lay apart..."*

— ..."mas ainda suas bocas, queimadas vermelhas, / alentavam uma sobre a outra quando os dois estão separados". Eu acredito que essas imagens são iminentemente sexuais, mas está feito com muita delicadeza, quer dizer que essas gotas, essas telhas e essas flores representam o ato sexual de um modo poético.

— "*Sleep sank them lower than the tide of dreams*"...

— "O sono os afundou mais do que a maré dos sonhos"...

Lemos o soneto até o final: "e seus sonhos viram se afundar e deslizar. / Suavemente suas almas nadaram através de fulgores / de luz aquática e opaca, afogadas órfãs do dia; / até que algum prodígio de fluência ou de madeiras a ele despertou / e conheceu um maior prodígio: ela dormia a seu lado."[29]

29 Tento uma tradução dos versos finais do soneto porque meu registro gravado da conversação se interrompeu acidentalmente a partir da citação do

Então vi Borges de um modo novo. Foi tirar seu paletó e sua gravata e regressou com o colarinho da camisa desabotoado. Sentou-se com displicência sobre o braço do sofá e me pediu que lesse a biografia de Dante Gabriel Rosseti na *Enciclopédia Britânica*. O vi diferente do cavaleiro argentino e irônico que todos conhecíamos publicamente: agora era um poeta cego, exultante, arrebatado pela língua, no paraíso em chamas da literatura. Era, prontamente, o Fazedor ou *the Mythmaker*. Relatou com fervor o terrível episódio de Rossetti que também figurava na *Enciclopédia*: sua mulher, Elizabeth Eleonor Sidall, morreu em 1862 devido a uma dose excessiva de ópio, e o poeta sentiu uma dor tão aguda que insistiu que os manuscritos de seus poemas fossem enterrados com ela; mas anos depois fez desenterrar o ataúde para recuperá-los.

Eu estava exausto. Além dessa dimensão visionária vislumbrada na noite alta e, por certo, a aberta disponibilidade do gênio, senti ao lado de Borges um ar de bondade, um ambiente de amistosa bondade e também de jogo, e como um resplendor de inocência expectante na paixão literária, mas também uma melancolia quase física. Logo fui embora. O visitei um tempo depois, pela manhã, mas depois, ainda que estivesse convidado a fazê-lo, não voltei a falar com ele.

No ano da morte de Orson Welles, 1985, quis ver de novo *Citizen Kane*, que estava sendo exibido em um ciclo de homenagens organizado pela cinemateca do Teatro San Martín, na sala Lugones. O feixe de luz branca gerou outra vez, na escuridão da sala, aquelas velhas imagens conhecidas: a gigantesca porta de ferro com a legenda *No trespassing*, a silhueta gótica de um castelo ao longe, uma grade com a letra K gigantesca, as gôndolas e os fossos. Em seguida, a luz de uma lâmpada que se apaga lentamente e volta a acender. Há, inicialmente, um primeiro plano com um *chalet* coberto de neve e, quando a câmera retrocede, vemos que se trata de uma dessas pequenas bolas de vidro onde uma imitação de neve cobre a casa em miniatura. A neve da imagem ilumina a sala cinematográfica. De minha cadeira posso distinguir claramente

verso de Rossetti que Borges tinha como preferido.

que, nesse instante, iluminado por essa luz irreal, atravessa o corredor Jorge Luis Borges, guiado por María Kodama. Quando se escuta a voz carvenosa de Kane dizendo *Rosebud*, Borges já se sentou e o perco de vista. Não notei sua partida, antes do fim do *film*.

Em 1941, havia escrito no número 83 da revista *Sur* uma resenha sobre o filme de Welles, sob o título "Um filme avassalador", que finalizava: "Adoece de gigantismo, de pedantismo, de tédio. Não é inteligente, é genial: no sentido mais noturno e mais alemão desta má palavra".[30] Mas sempre acreditei, apesar daquele ambíguo menosprezo dos anos quarenta, que *Citizen Kane* era algo assim como a mais certeira realização cinematográfica de um universo borgiano, sobretudo nessa última imagem de Kane antes de ser revelada a chave de *Rosebud*, essa imagem de Kane refletindo-se ao infinito em dois espelhos opostos, enquanto sai do campo.

A luz especular de Kane iluminava Borges de perfil, distante e fantasmagórico, como um duplo de si mesmo que todos agora evocamos, dispersamos, reconstruímos, projetamos e conservamos como uma memória dolorosa, inevitável, última.

30 Jorge Luis Borges, *Borges en* Sur *1931-1980*. Buenos Aires: Emecé, 1999, pp. 199-200.

POESIA E CEGUEIRA

por Borges

Um escritor é uma figura teratológica, como esses seres um pouco monstruosos feito de fragmentos, de impressões, de duplicidade, de memórias incertas, de relatos. Não é unânime, mas é coletiva. Falo de um escritor reconhecido, para não dizer famoso, no qual muitos podem pensar, alguém que não pode ser esquecido e ainda conserva uma *imago* vinculada a um nome, favorecido por sua contemporaneidade, mas também por ser uma lenda. Essa figura sempre possui uma extensão particular: temos imagens de Kafka, universais, ou mais circunstanciais, mas intensas em seu âmbito cultural, como de algum escritor argentino – Juan L. Ortiz, por exemplo. Trata-se menos de uma experiência que de uma atribuição, mas esse traço, social, costuma se misturar, entre outros, ao mal-entendido, à invenção, às convenções ou aos valores mutáveis da época, à influência e muito vagamente à experiência pessoal, salvo que o real é aquele mesmo espelho múltiplo. Proust disse, famosamente, a Sainte-Beuve: seu método desconhecia que *"un livre est le produit d'un autre moi que celui que nous manifestons dans nos habitudes, dans la societé, dans nos vices"* (um livro é o produto de um *eu diferente* daquele que manifestamos em nossos hábitos, na sociedade e em nossos vícios).[31] Mas que tipo de eu é esse eu diferente do outro e, sobretudo, que hiato se abre entre eles? Talvez a figura social do escritor, que é literária, que é imaginária, esteja composta, como queria Barthes, por esses fragmentos numerosos que chamou "biografemas" – uma ideia

31 Marcel Proust, *Contre Sainte-Beuve*, Paris, Gallimard, 1954, p. 157.

feliz –, e que para mencionar essa figura autoral requer-se menos de uma biografia que de uma *biografemática*, um conjunto de aspectos que confluem e se dispersam em um rastro de singularidades, de *charmes*, de minuciosos detalhes sobre o escritor: a vida como efeito textual.[32]

Esse efeito é fragmentário, ainda que se apresente como uma momentânea totalidade e, sobretudo, sobre uma ausência, algo que chamei "o fantasma de um nome". Como reitera Borges por volta de 1925 em seu ensaio "A insignificância da personalidade", recompilado em *Inquisições*: "Não há o tal eu de conjunto".[33] Há um conjunto de dispersões onde este fantasma se projeta, e que se atualizam em outro conjunto discursivo. Agamben chamou o vazio dessa presença de "o autor como gesto", ao retomar uma frase de Foucault: "A marca de um autor está na singularidade de sua ausência, a ele lhe corresponde o papel do morto no jogo da escrita".[34] Habituados a seus paradoxos, lemos em Agamben uma reviravolta da distinção de Foucault entre o autor como indivíduo real e a função-autor com a qual se identifica e circula em distintos discursos dentro da sociedade. Como é possível que essa ausência possa ser singular ao se assentar sobre as próprias pegadas? Agamben a situa em um espaço de cruzamento que é, por sua vez, irredutível e confluente. O autor está presente no texto como *gesto*, mas esse gesto é o modo de atestar sua falta. Assim o autor e leitor estão em relação com o texto na condição de ser inexpressível, a não ser como fantasmas. Talvez desse modo poderia se interpretar aquilo que propunha Bachelard: "*Il semble que la joie de lire soit le reflet de la joie d'ecrire comme si le lecteur était le fantôme de l'écrivain*" (parece que a alegria de ler é o reflexo da alegria de escrever *como se o leitor fosse o fantasma do escritor*).[35] Não há uma realidade substancial do indivíduo por alcançar, mas apenas esta

32 Roland Barthes, *Le lexique de l'auteur*, Paris, Seuil 2010, pp. 349-354.
33 Jorge Luis Borges, *Obras completas*, v. 1, Buenos Aires, Sudamericana, 2011, pp. 132-142.
34 Giorgio Agamben, *Profanaciones*. Trad. de Flavia Costa e Edgardo Castro. Buenos Aires: Adriana Hidalgo Editora, 2005, p. 81.
35 Gaston Bachelard, *La poétique de l'espace*. Paris: Les Presses Universitaires de France, 1961, p. 11.

ausência autoral cuja densidade imaginária o projeta no próprio dar-se do texto. Mas essa densidade está dada por um vestígio indeterminado de traços que derivam de inscrições textuais e, por sua vez, de uma série de representações sociais, não menos imaginárias.

Quero imaginar aqui uma resposta elementar a essa pergunta sobre Borges depois de trinta anos de sua morte, no ano de 2016, no qual escrevo. O que persiste, apesar de sua extraordinária literatura e de toda a literatura que surge contra a sua, como uma negação, o que continua e cresce invariavelmente é uma *imago* de Borges, que prossegue com uma insistência dolorosa, tal como persistem os fantasmas. Basta o mero exercício de imaginar Jorge Luis Borges para que surja uma projeção ostensiva e um gesto: o escritor cego, ou melhor, o poeta cego. Uma de suas melhores representações se encontra nesse livro que significou uma encruzilhada no regresso das formas métricas e no exercício de prosa poética sob uma forma de relato que a partir de então foi incluída em vários livros de poemas: *O fazedor*, de 1960. O texto inicial está dedicado a um poeta cego, Homero. O fazedor é, etimologicamente, *poietés*, o que faz: o poeta. No fazer poético se encontram três fatos concorrentes: o desvio da percepção, o exercício da memória e a transformação rítmica da imagem. Aquele poeta, começa o texto "O fazedor", "nunca havia se demorado nos gozos da memória".[36] A série que se enumera é um conjunto de impressões, de sensações que resvalam sobre ele sem nenhuma raiz conceitual ou discursiva, "sem outra lei que não a fruição ou indiferença imediata" (p. 10): há, inadvertidamente, uma primeira distância com o concreto. Todas as impressões percebidas, desde a cor carmim e a abóboda carregada de estrelas que são deuses, e a lisura do mármore e o sabor do javali ou a proximidade das mulheres ou o pesado vinho, escreve, "podiam abarcar por inteiro o âmbito de sua alma" (p. 9). É na região do não corpo onde se acumula o que concerne ao corpo. A primeira mutação ocorre quando o homem adverte que

36 Jorge Luis Borges, *El hacedor.* Buenos Aires: Emecé, 1967, pp. 9-12. Na continuação, indico nas citações desse livro o número da página.

está ficando cego e essa consciência é, inversamente, carnal. O corpo a antecipa: "Quando soube que estava ficando cego, gritou. (...). Dias e noites passaram sobre a desesperação de sua carne" (p. 10). O que se percebia, então, eram imagens para a consciência, mas ao cegar o corpo se isola de si e se produz um descenso, como se esse movimento se concentrasse na profundidade. Quando a cegueira se consolida, há outra mudança. O desvio do percebido induz a diminuição da memória. A lembrança abarca dois fatos vividos: um ato de valentia, induzido por seu pai (enfrentar um homem em um duelo) e um ato erótico (o amor com uma mulher). Neste ponto se produz outra mutação: a imagem da lembrança carrega um tempo passado e presente simultaneamente, e, em certo modo, retorna o vivido, primeiro como lembrança e logo como inscrição da lembrança no poema. Mas, assim mesmo, a singularidade da lembrança evocada implica em um conjunto indefinido de fatos esquecidos. O que oferece a lembrança é a forma do esquecimento. A condição de um poeta não é só a cegueira, mas também algum tipo de amnésia. Ireneo Funes, que de tudo lembrava, não poderia ser poeta; Carlos Argentino Daneri, que tudo via no Aleph, era um poeta impossível. A imagem recordada e cuja condição básica é a cegueira – "nesta noite de seus olhos mortais, à qual agora descendia" (p. 12) – se transforma em um ritmo, um rumor de hexâmetros; na mitologia, Áries e Afrodite, a guerra e o amor, em uma épica, a conquista de Troia, a viagem de Ulisses em busca de Penélope. E há um último giro: as imagens que são as do poema de Homero retomam por sua vez toda memória humana, mas a condição do poeta supõe outra imersão na sombra: a última. O poeta cego é, também, um morto.

O que se extrai é a condição do poético: a cegueira como carência ou vazio primordial para que a imagem da lembrança tome lugar; o esquecimento como condição da memória; a morte do poeta como garantia da palavra perdurável. Mas o autor chamado Borges endossa ou desorganiza essa extração? O autor induz ali o efeito especular do duplo: basta imaginar que o poeta cego é Homero para que Borges se duplique nele especularmente. Ao chegar na prosa "Borges e eu", incluída em *O fazedor*, esse efeito especular se complexifica: se "Homero" é Borges, "Borges" é o duplo de si mesmo. Logo, no "Poema dos dons", persiste a duplicação: agora Borges é o duplo de outro, Paulo Groussac, o diretor cego da Biblioteca Nacional: "Qual dos dois escreve este poema / de um eu plural e de uma só sombra?" (p. 74). Seria simples supor que o poeta cego é uma imagem do autor, de Borges, já que o sujeito imaginário do poema se nomeia, se inscreve com esse nome: Borges. "Groussac ou Borges", os diretores cegos da Biblioteca, conformam esse eu plural de uma só sombra.

Deveríamos encontrar na cegueira o autor como gesto? Como significa no campo simbólico social essa figura? Porque Borges, creiam-me, de fato *estava* cego. Sei que estava cego e não fingia a cegueira porque eu, que não sou cego, *o vi* cego e, se uma noite não tivesse sido seu guia temporário – cachorro ou homem, dá no mesmo –, se não o tivesse auxiliado como a um cego, para caminhar, para comer, indicando-lhe onde estavam os talheres e, finalmente, para datilografar um texto que me ditou, Borges teria estado perdido. Eu o visitei naquela noite de outubro de 1980 e Borges não sabia nem sequer onde estava a porta da rua. Porque Borges não era cego de nascimento, não usava bengala branca nem óculos escuros, elevava os olhos aquosos e a cabeça balançava sem fixar o olhar, como que buscando um ponto móvel. Carecia das habilidades do cego que se acostumou a viver sem ver. Borges assegurava que vivia em uma tenaz neblina feita de luzes vagas, de algumas cores fugazes, de volumes, e sobretudo de vozes e ruídos. Eu sabia que Borges era cego como sabemos todos os seus contemporâneos, sobretudo porque havia lido incessantemente sobre sua cegueira, por exemplo, em sua conferência "A cegueira" na qual falava de si mesmo, acontecida em 1977 e publicada no volume *Sete noites*, de 1980. Havia lido, mas a insignificância do real era diversa e também um pouco cômica. O real se parecia a isto que dizia Clément Rosset: o real é o insignificante, não por considerá-lo absurdo ou sem importância, mas por livrá-lo da atribuição de um sentido e restituí-lo a seu puro acontecer. Toda realidade é, por sua vez, determinada e fortuita, e quando se lhe atribui um significado, outorga-se-lhe um valor imaginário. Assim, o real nem sequer é passível de ser duplicado em um espelho, porque é incapaz de se refletir sem deixar de ser o que é, para ser, em troca, outra coisa. "A imagem oferecida pelo espelho – escreve Rosset – não pode se sobrepor à realidade que sugere".[37] Por isso a percepção habitual não é a de um objeto que é igual a si mesmo, mas de um objeto que é igual *a todos os seus duplos*. Eu não sabia o que fazer com o cego. Por exemplo, o cego *podia cair*. Mas Borges também havia escrito isso em um soneto incluído em *A rosa profunda*, de 1975, chamado "O cego": "O desnível espia. Cada passo / pode ser a queda".[38] E, no entanto, era estranho comprovar que aquele cego a ponto de sucumbir no poema não era este e, por sua vez, todo seu corpo rígido e vacilante vinha a confirmar aquele verso como se fosse a mimese de um duplo. Nesse hiato, algo acontecia, mas não era nem pessoal nem impessoal, mas uma espécie de subtração entre mundos, a investidura de um sentido imaginário ao que acontecia na própria insignificância do real, isso que Rosset não chama de prolixidade, mas de brutalidade do acontecimento. Havia então uma inadequação, uma fresta entre essa fragilidade do momento e a atribuição da cegueira. O cego podia estar a ponto de cair porque eu não sabia como acompanhá-lo diante do desnível das escadas que desciam em direção ao restaurante A Cantina Chinesa, cujas portas abriam para fora. Não era exatamente o mesmo cego que eu acreditava, era alguém mais frágil, mais trêmulo, e ao mesmo tempo tinha essa presença que eu segurava em seu braço, no perfil, e sobretudo na voz. Porque o que lhe atribuía havia sido construído em outra parte, era um sentido suplementar: um duplo, o rosto no espelho, o "poeta cego". O que eu fazia era me esforçar para encontrar *esse* cego no *outro* que também não podia ser fixado.

37 Clément Rosset, *Lo real. Tratado de la idiotez*. Valencia: Tusquets, 2004, p. 61.
38 Jorge Luis Borges, *Obra poética (1975-1985)*, v. 3. Barcelona: Alianza Editorial, 1998, p. 43.

Na conferência "A cegueira" – que eu havia lido antes de *Sete noites*, nas transcrições sem edição que apareciam no jornal *La Opinión*, de Buenos Aires, em 1977 – Borges falava de si mesmo como de um homem cego, e a havia pronunciado sustentando-a com seu próprio corpo em um cenário, mas invariavelmente insinuava que se tratava de uma retórica e de uma representação. Primeiro afirmou que o público prefere o concreto ao abstrato e decide falar de sua "modesta cegueira pessoal". O estranho adjetivo, "modesta", atribui ao fato de que sua cegueira é total de um olho, mas apenas parcial do outro, e que ainda podia decifrar cores, algumas mais constantemente, como o amarelo – a cor de *O ouro dos tigres* –, e outras ausentes para sempre, como o vermelho e o preto. Depois afirmava: "Para os propósitos desta conferência, devo citar um momento patético. Digamos, aquele no qual soube que já estava perdendo minha visão, minha visão de leitor e de escritor. Porque não gravar a data tão digna de recordação, 1955. Não me refiro às épicas chuvas de setembro, me refiro a uma circunstância pessoal".[39] De imediato Borges lembra sua nomeação: "Recebi em minha vida muitas imerecidas honrarias, mas há uma que me alegrou mais que as outras: a direção da Biblioteca Nacional. Por razões menos literárias que políticas, fui designado pelo governo da Revolução Libertadora", disse (p. 278). E evoca dois momentos: um quando visitava a Biblioteca Nacional com seu pai, de noite. Enquanto Jorge Borges pedia um livro de psicologia, o menino pedia a *Enciclopédia Britânica* ou a *Brockhaus* e lia o que lhe determinava a sorte das letras. Outro momento funde o que descobriu como diretor da Biblioteca Nacional. Borges assimila então sua experiência vivida à do sujeito imaginário do "Poema dos dons". Ao contrário de "Borges e eu", que diferencia, em "A cegueira" Borges alterna e funde o sujeito do poema e o sujeito que testemunha: "Pouco a pouco fui compreendendo *a estranha ironia* dos fatos. *Eu sempre imaginei o*

39 Jorge Luis Borges, *Siete noches*. Buenos Aires: Fondo de Cultura Económica, 1980, p. 277. Na continuação, indico nas citações desse texto o número da página.

Paraíso como uma espécie de biblioteca. Outras pessoas pensam em um jardim, outras podem pensar em um palácio. Ali estava eu. Era de algum modo o centro de novecentos mil volumes em diversos idiomas" (p. 278, grifo meu). Mas em seguida diz que o autor de seu poema é o outro, um duplo, e retoma por outra via o paradoxo final de "Borges e eu" ("Não sei qual dos dois escreve esta página"). Disse: "Imaginei Groussac como autor do poema, porque Groussac foi também diretor da Biblioteca e também cego" (p. 278). Não só Borges se duplica, mas também o duplo agora é outro. Mas há algo mais: "Ignorava então que a Biblioteca teve outro diretor, José Mármol, que também era cego. Aqui aparece o número três, que fecha as coisas. Dois é uma mera coincidência; três, uma confirmação; uma confirmação de ordem ternária, uma confirmação divina ou teológica" (p. 278).

É curioso observar o que a cegueira rechaça como visão intolerável. As datas escolhidas para falar da cegueira são o ano de 1955, isto é, o ano em que a autoproclamada "Revolução Libertadora" produziu numerosos episódios de violência, fuzilamentos e perseguições, além de bombardeios na Praça de Mayo, o golpe de Estado que Borges alude como "as épicas chuvas de setembro"; e o ano de 1977, no qual a sangrenta ditadura argentina de 1976-1983 realizava ainda o plano sistemático de desaparecimento forçoso de pessoas, alterando a própria constituição do social, a relação cara a cara que se vê transtornada pelos desaparecimentos, o desaparecido que logo se torna invisível. O Borges que elogia a cegueira é também aquele que celebra o advento dos militares como "cavalheiros" que libertarão o país do peronismo; isso que sustentava em 1977, ainda que alguns anos depois viesse a se retratar. A menção de Mármol abre também uma particular leitura arquetípica da história. Os bárbaros voltam, como os árduos alunos de Pitágoras do poema "A noite cíclica" (finalizado em 1940 e incluído em *O outro, o mesmo*, de 1964)[40] também regressam ciclicamente: Juan Manuel de Rosas regressa em Juan

40 Jorge Luis Borges, *Obra poética (1960-1972)*, v. 2. Barcelona: Alianza Editorial, 1998, pp. 83-84.

Domingo Perón, mas o proscrito Mármol regressa cego para dirigir a Biblioteca logo que cai o tirano, tal como Borges repete esse fato ao ser nomeado pela "Revolução Libertadora" que depôs a "segunda Tirania", e o Poeta Cego vem a declarar no teatro Coliseu de Buenos Aires, na época do golpe contra o governo de Isabel Perón: a história é também um eterno retorno do mesmo. As conferências de Borges no Coliseo, que serão publicadas revisadas em 1980, com o título *Sete noites*, apareceram pela primeira vez no jornal *La Opinión*, de Buenos Aires, como antecipei. Quando as publica, o jornal havia sofrido intervenção militar; vários de seus jornalistas, como Edgardo Sajón ou Enrique Raab, estavam desaparecidos, e seu diretor, Jacobo Timerman, havia sido sequestrado por um grupo paramilitar (que dependia do genocida Ramón J. Camps), torturado e finalmente liberado por pressões internacionais. Nesse contexto, Borges havia brindado sua conferência, mas ao publicar o livro, três anos depois, já havia assinado a primeira solicitação de esclarecimento sobre o paradeiro dos desaparecidos, publicada no diário *Clarín* em 12 de agosto de 1980, e em seguida se transformou em um crítico do regime, do conflito com o Chile e da guerra das Malvinas. Curiosamente escreve uma cena abominável com a qual havia sonhado e nunca tinha visto, datada de 14 de abril de 1977, um sequestro que seria seguido de morte: na prosa "As folhas do cipreste" (publicado em 22 de março de 1979, no suplemento cultural do diário *Clarín*, incluída mais tarde em *Os conjurados*, de 1985), um inimigo vem buscá-lo, não sabe como entra em sua casa, acende a luz e o acorda: "Sem levantar a voz, ordenou que eu me levantasse e me vestisse imediatamente. Havia decidido minha morte e o lugar destinado à execução ficava um pouco distante. Mudo de assombro, obedeci. Era mais baixo que eu, porém mais forte, e o ódio concedera-lhe sua força".[41] Essa cena ocorria com frequência na Argentina, de um modo muito mais brutal, quando Borges a escreveu como ficção de um sonho que por acaso teve em 1977. É evidente, mas acredito que ninguém o advertiu antes, nem sequer em 1979, quando

41 Jorge Luis Borges, *Obra poética (1975-1985)*, op. cit., p. 303.

foi publicada. O abominável se infiltrava por caminhos inesperados.

Seria possível afirmar que Borges constituiu a cegueira como um modo – para dizer como Duchamp – "não retiniano" do olhar no poema e que sua obra é um constante desvio, subtração ou abalo da visualidade desde o começo?[42] Este aspecto teve variantes ao longo do tempo, e não só constituiu o caráter do olhar no poema, sua relação com o óptico – com suas variantes, incluindo vários dos inúmeros símbolos borgianos como os espelhos ou os simulacros – e os vínculos complementares com a voz, mas também conformou, durante este tempo, na construção imaginária a figura autoral do poeta cego, nos termos que apontei no início. A construção sumariamente estilizada dessa figura foi também uma *obra de arte*, e nela se inscreve o nome uma e outra vez como vetor ficcional ou, como salientou Enrique Pezzoni no precoce *Fervor de Buenos Aires*, como *autorretrato* (Pezzoni, 1986, pp. 67-96): "espaço e tempo e Borges já me deixam", escreveu no verso final do poema "Limites" de *O outro, o mesmo*, de 1964 (Borges, 1998, p. 105), e também: "Oh destino de Borges, / talvez não mais estranho que o teu", do poema "Elegia", no mesmo livro (Borges, 1998, p. 170). Quando digo "Borges", então, menciono o fantasma de um nome, situado entre o rastro de suas características e o gesto, lançado ao verso como a combinação de letras que dá vida a um Golem. Piglia afirmou que a literatura de Borges se ressentiu quando deixou de ver aquilo que escrevia, mas também iniciava, ou engrandecia, a construção do poeta cego.

Vou dar poucos exemplos desse aspecto, com as confusões pressupostas entre esses duplos inscritos no autorretrato.

42 Diz Marcel Duchamp a esse respeito: "Desde Courbet acreditou-se que a pintura está destinada à retina. Esse foi o erro de todos. O retiniano é assombroso! Antes de qualquer coisa, a pintura possui outras funções, pode ser religiosa, filosófica, moral. Se tenho a oportunidade de conquistar uma atitude antirretiniana, lamentavelmente isto não produziu uma grande mudança; todo nosso século é completamente retiniano, a exceção dos surrealistas, que tratarão de sair dessa posição, e, no entanto, não foram muito longe" (Pierre Cabanne, *Dialogues with Marcel Duchamp*, London, Da Capo Press, 1979, p. 43).

Entre 6 e 7 de março de 1921, Jorge Luis Borges escreve em alto mar, de regresso a Buenos Aires. Olha pelas janelas de uma salinha no barco: "Vejo uma série de animais marinhos reais que são iguais àqueles de mentira dos pintores cafonas. Céu azul aguado, mar com ondinhas, sol de prestígio... *brr*! Escrevo uns poemas completamente sensoriais – visuais antes de tudo – sem consciência e afirmação de mim mesmo, sem cinestesia".[43] Em abril já está na cidade e tudo lhe parece distante, sobretudo *o visto*, como desenhado pelo aborrecimento: "Eu, aqui, continuo enchendo a retina de imagens tediosamente distintas". Em seguida tem um vislumbre: "Acredito que os metafísicos que defendem que a matéria não existe, para além da percepção que dela se fazem os espíritos, têm razão. Acredito que a maçã é um conjunto de sensações visuais, gustativas, táteis, etc. e nada mais" (pp. 196-197). Tudo o que se vê está atravessado pelo tédio, que o separa da visão e o distancia do exterior, e esses primeiros poemas que chama "sensoriais" regressam a um olhar *pictórico*, talvez pitoresco, àquilo que Heinrich Wölfflin reservava o vocábulo "*Malerisch*".[44] Nestas primitivas observações sobre a visualidade Borges já está questionando o retiniano. E começa a entender a percepção como um conjunto fragmentário de sensações. Borges relembrou alguma vez que seu pai, então interessado na psicologia, lhe explicou o idealismo de Berkeley com o exemplo de uma laranja. Como exemplo iniciático, o vínculo paterno abre uma via à dialética do olhar e da cegueira. Esta já é uma ameaça para o jovem Borges: "Na metade do próximo ano, voltaremos à Suíça (Meu pai pensa confiar a operação de uma catarata a um oculista de Zurique ou de Genebra)". Esses lugares inscrevem também a iniciação poética no poema "A Lua", incluído em *O fazedor*: "Quando em Genebra ou Zurique a fortuna / quis que eu também fosse poeta". O pai o ensina com o idealismo a relação

43 Jorge Luis Borges, *Cartas del fervor (1919-1928)*. Edição de Cristóbal Pera. Barcelona: Galaxia Gutenberg / Emecé, 1999, p. 194. Indica-se nas citações seguintes o número da página destas *Cartas*.
44 John MacArthur, *The Picturesque: Architecture, Disgust and Other Irregularities*. New York: Routledge, 2007, pp. 242-245.

da consciência com a percepção. Já então, em uma carta de finais de junho de 1921, o jovem poeta considera que existe uma série de "sensações espalhadas: cores, ruídos, sensações de peso e de extensão e de resistência etc..." e que para pôr ordem nesse caos – "nessa salada", como ele chama –, seguimos a convenção de chamar "certo conjunto de elementos sensoriais que costumam se apresentar ao mesmo tempo: árvore, e outro: céu, e outro: corpo" Assim a matéria percebida é: (a) uma série de percepções; (b) que adquirem valor de símbolos; (c) carecem em si de realidade; (d) esses conjuntos sensoriais não conformam um "não eu" e (e) "o não eu (matéria, objetividade e mundo externo) é um produto do eu. Só o eu existe" (p. 202). Ao qual agrega um *post-scriptum* inquietante: "Voltando ao da matéria: pensa por acaso que existiriam cores em uma terra de cegos?..." (p. 203). Com o que se escreve o poema? Não é, talvez, desde o princípio a cegueira uma forma constitutiva dessa língua que desagrega a percepção e pouco depois também o eu?

Quando Borges compõe *Fervor de Buenos Aires*, no começo dos anos vinte, a visão da cidade prefigura a subtração da cegueira como condição do poético. Nesta época encontra-se muitas vezes com um amigo de seu pai, Macedonio Fernández. Na estética de Macedonio, antes que no ultraísmo, encontra a estética prismática que lhe permite compor os poemas de *Fervor*. Macedonio escreve que todo ser é um almismo ou psiquismo e que o mundo externo-interno dos dualistas é uma totalidade psíquica: os polos sujeito-objeto se dissolvem na Realidade psicomaterial. "Não há objeto; somos o percebido, e o que somos quando percebemos nada é apenas o estado de percepção sem sujeito. A percepção, a copresença sujeito-objeto, é irreal. Tudo nós 'somos', não o 'percebemos?'", escreveu em "La metafísica, Crítica del Conocimiento; la Mística, Crítica del Ser", texto publicado na revista *Proa* em 1924 e republicado no livro *No toda es vigilia la de los ojos abiertos*.[45] Posto que o mundo não é de percepção, mas de um estado do psiquismo, não há objeto ao qual se

45 Macedonio Fernández, *No toda es vigilia la de los ojos abiertos*. Buenos Aires: Centro Editor de América Latina, 1967, p. 67.

pode vincular um referente. Em consequência, o sujeito tampouco existe como garantia da enunciação desses signos – o mundo é "todo almático" diz Macedonio: "Chamo ao Ser um almismo *ayoico*" (p. 87). Portanto, é uma totalidade inseparável e indiscernível... Que língua corresponderia a este mundo? Se o mundo é um "almismo", o sentido é indizível. Que são, então, as palavras? Por certo, não um instrumento que suscita em outras imagens por meio de palavras. Imagens que não se vinculam com objetos nem com sujeitos discerníveis. Inclusive poderiam suscitar imagens forjadas que inventam objetos ideais, irreais. A ideia de que uma imagem suscite uma percepção falsa é o fundamento da literatura de um eu em diminuição, uma literatura de falta, um não existente cavaleiro. O andante de *Fervor de Buenos Aires* descobre que também a cidade é toda "almática", que a luz que cede na madrugada ou o crepúsculo está a ponto de fazer naufragar o mundo. As palavras são acúmulos de sensações nas quais o sujeito se desagrega em cada percepção. Sua hora favorita é o entardecer, o crepúsculo do dia. Situa-o não apenas nas fronteiras do subúrbio, mas também nas margens do tempo. O sujeito imaginário da poesia inicial de Borges se encontra nesse instante de vacilação e nessa indecisão, os olhos mesmos não podem ver o todo. A neblina do cego já está disponível para aquele que caminha na indiscernível cidade que se escurece e onde o fogo tênue dos lampiões e candelabros sustentam apenas a leve arquitetura da noite. O que vê se subtrai na sua visão e tateia as coisas como irreais ao modo de um cego: "Minhas mãos tatearam as árvores / como quem beija um adormecido".[46] Simultaneamente, essa rua daquele que caminha só existe porque o sujeito a contempla no poema "Caminhada": "Eu sou o único espectador dessa rua, / se deixasse de vê-la, esta morreria". O enunciado é ambíguo, porque a percepção da própria rua é uma imagem que abre os olhos ao espectador. Mas a condição é afastar-se dessa visão e contemplar como se fosse uma lenda, um verso, uma lembrança que vem de longe porque chega a partir da

46 Jorge Luis Borges, "La vuelta", em *Fervor de Buenos Aires*. Buenos Aires, edição do autor, 1923, s. p.

própria intimidade, a rua é também um almismo que provém dele mesmo, todo almático, no poema "Rua desconhecida": "o certo é que a senti distantemente próxima / como uma lembrança que parece chegar cansada de longe / é porque vem da própria profundeza da alma. / Íntimo e entranhado / era o milagre da rua clara". Sylvia Molloy dizia que em *Fervor de Buenos Aires* Borges preservava uma visão aurática.[47] Certamente, já que preservar a aura, dizia Walter Benjamin, significa que as coisas distantes "alcem os olhos" e estejam dotadas da capacidade de olhar. "Advertir a aura de uma coisa significa dotá-la da capacidade da olhar".[48] E na nota de rodapé continua: "Essa atividade constitui uma das fontes primordiais da poesia. Quando o homem, o animal ou um objeto inanimado, dotado desta capacidade pelo poeta, levanta os olhos e o olhar, esta é trazida de longe; o olhar da natureza que foi desperta sonha e arrasta para seu sonho o poeta. Inclusive as palavras podem ter sua aura". As coisas são as que abrem os olhos e olham ao que *não vê*, mas dota as coisas de olhar. As coisas são como olhos, como no poema "Suave encantamento", de Macedonio, "olhos que se abrem como as manhãs / e que fechando deixam cair a tarde"[49;] as coisas são *as que têm olhos* para aquele que só as vê em sonhos, as coisas proporcionam a visão que é o entressonho daquele que olha para o outro lado. Mas a vista se distancia para rejeitar a cidade real, a cidade brutal, a visão intolerável. Já que uma visão do real acarreta a própria realidade, a suplanta por uma alucinação ou um devaneio. De certo modo, a íntima cidade de *Fervor de Buenos Aires* ou de *Luna de enfrente*, a urbe insubstancial, a *imago vocalis*, é uma remansada alucinação. A cidade real dos imigrantes, do tráfego e dos cortiços e dos quartos alugados dos anos vinte é substituída por um simulacro lateral, fronteiriço. É fundado por esse olhar que acredita perceber

47 Sylvia Molloy, *Las letras de Borges y otros ensayos*. Rosario: Beatriz Viterbo, 1999, p. 201.
48 Walter Benjamin, *Ensayos escogidos*. Tradução de Héctor A. Murena. Buenos Aires: Sur, 1967, p, 36.
49 Macedonio Fernández, *Papeles de recienvenido. Poemas. Relatos, cuentos, miscelánea*. Buenos Aires: Centro Editor de América Latina, 1967, p. 246.

como complexos de sensações e uma vaga irrealidade colunas, aldrabas, pátios claros, ruas desniveladas, suburbanos armazéns sem homens, no instante crepuscular – rosa e ouro – em que os objetos se desenrolam baixo uma luz deletéria. Cidade irrealizada por uma retina vazia, correlato de um fantasma; sujeito observador esvaziado por uma fantasmagoria cidadã. Eu e a cidade somos osmóticos: a cidade entra na alma ou as ruas são entranháveis ou a entranha da alma. Mas tal eu e tal espaço são uma mascarada textual: pluralidade não localizada, série de imagens ou superposição de lembranças embaralhadas que simulam uma cadeia verbal não aderida a nenhuma realidade, nem interior nem exterior. A cegueira constitutiva da poesia borgiana – que pode se relatar como uma história da noite com um crepúsculo inicial – corresponde a um espaço cuja pluralidade de línguas, cujo multilinguismo está silenciado. Esse mutismo da cegueira ou da alucinação, a que língua corresponde? Aquela que se escuta na oralidade, mas em uma oralidade *criollista*, de certo modo arquetípica. A cidade de Carriego, aquele bairro, não estava disposto à revolução ótica que havia sido realizada por Baldomero e que Borges descreveu como ninguém: o chamou de "o poeta do nervo óptico" e afirmou que havia realizado um ato revolucionário: "havia *olhado* ao redor".[50] Ao contrário, não há visões na poesia de Carriego: o bairro está no que se diz. Por isso o que persiste de Carriego no tango é um cego: o cego de Carriego cala e escuta e é também o modelo do poeta de *A canção do bairro*, que é um bairro enclausurado como um povo. O bairro de Carriego se escuta menos do que se vê e o que se prolifera nos poemas é "o que dizem os vizinhos", "a notícia que corre boca a boca", o "segredo sabido por todos". Por isso, explicitamente, o modelo escolhido é a *fofoca*, que transmite os valores e pontos de vista. Borges escolhe esse modelo e não o de Baldomero Fernández Moreno, que é visual, não oralizado. Mas

50 Resumo aqui as considerações que analiso em: Jorge Monteleone, "La invención de la ciudad (Evaristo Carriego y Baldomero Fernández Moreno", en Noé Jitrik (Dir.), *Historia crítica de la literatura argentina*, vol. 5: Alfredo Rubione (Dir. del volumen), *La crisis de las formas*. Buenos Aires: Emecé Editores, 2006, pp. 205-235.

o modelo conversacional de Borges para se referir a essa cidade alucinada é também uma invenção e um arquétipo. Essa voz argentina, argentinizada com a qual Borges escreve sua primeira poesia é o outro lado da subtração alucinatória da visualidade, tanto como a rítmica enumerativa é a que corresponde à poética da cegueira. "Em muitas composições deste livro – escreve no prólogo de *Luna enfrente* – há falas em *criollo*: não em gauchesco nem *arrabalero*,[51] mas na heterogênea língua vernácula da fala portenha".[52] (Borges, 1925, p. 7). Esse estilo conversacional tem modelos literários anteriores, além das vozes do truque, onde o que joga em seus versos é subitamente outro: Sarmiento, Ascasubi, Mansilla, López, Wilde, também os versos *criollistas* dos orientais Ipuche e Silva Valdés. O poema evoca uma "voz desejada", paternal e patriarcal, a voz dos antepassados, não menos fantasmagórica, desdobrada como um eco puro, ficção de uma voz argentina passada que vem ratificar a pura atualidade da vanguarda como uma ata de fundação.[53] Por isso a fundação mitológica não é uma arte do futuro, mas sua modernidade radica na atualização do eterno. A doutrina dos ciclos virá a aperfeiçoar este simulacro de eternidade. Em 1928, Borges escreve a prosa poética "Sentir-se em morte", que está compilada em *O idioma dos argentinos*, publicado no mesmo ano, e em seguida repete em *História da eternidade*, de 1936. O homem caminha por Barracas como um *flâneur*, sem objetivo, na hora precisa na qual o crepúsculo se transforma em noite. Ali vê as coisas embaçadas e tênues. Tudo parecia tomado pela noite ainda na efusão da íntima luz da lua: "A caminhada me levou a uma esquina. Aspirei a noite, em um livre sereníssimo pensar. A visão, nada complicada certamente, parecia simplificada por meu cansaço. Era irrealizada por sua própria tipicidade".[54] Ao olhar essa simplicidade sentiu que não estava nesse

51 Borges se refere à língua usada no *arrabal*, o subúrbio, ou seja, a gíria urbana, que se opõe ao *gauchesco*.
52 Jorge Luis Borges, *Luna de enfrente*. Buenos Aires: Editorial Proa, 1925, p. 7.
53 Desenvolvo este aspecto em Jorge Monteleone, "Borges: la voz deseada", *Espacios de crítica y producción*, 6, 1987, pp. 29-32.
54 Jorge Luis Borges, *Inquisiciones*, en *Obras completas*, v. 1. Buenos Aires: Sudamericana, 2011, p. 230.

presente, mas em outro instante que era esse mesmo instante, como se retornasse e abolisse o tempo à sua volta. "Me senti morto, me senti observador abstrato do mundo: indefinido temor imbuído de ciência que é a melhor claridade da metafísica. Não acreditei, não, ter superado as presunçosas águas do Tempo; melhor dizendo, me senti possuidor do sentido reticente ou ausente da inconcebível palavra *eternidade*" (p. 231). Essa cena antecipa a daquele momento poético no qual o fazedor, o poeta cego, se afunda em sua memória onde os momentos recordados retornam no poema. Um observador abstrato do mundo é menos um contemplador do que um *vidente*, como o cego Tirésias. A visão parcial do real é a condição de seu caráter fantasmagórico: só um morto pode olhar desse modo.

Mas o pai de Borges não somente legou a ele o idealismo de Berkeley, mas também aquilo que Borges chamou várias vezes de "o acontecimento principal de minha vida": a Biblioteca de seu pai.[55] Não só a biblioteca pessoal, mas também, como lembra por volta dos oitenta anos, a visita, de certo modo "iniciática", à Biblioteca Nacional. A leitura oficia, então, o maior acontecimento, que será a leitura microscópica do míope, e seu par, escrita diminuta, detalhada e pontilhada. Essa convexidade do míope: vê distintamente os objetos próximos, rascunha o exterior e consegue precisar em um objeto pequeno todo o detalhe. Como se esse olhar condicionasse logo aquele gesto borgiano: concentrar o infinito em um ponto. Em Borges a totalidade costuma se concentrar em um só ponto, e nesses objetos poéticos: a esfera chamada Aleph, a moeda Zahir, o infinito livro de areia, e também a palavra poética "Undr" que codifica o universo. O microcosmo do míope.

Mas o efeito de totalidade também se produz simultaneamente como uma série heteróclita e como uma enciclopédia. A visita com o pai à Biblioteca lhe oferecia aquela imersão. Essa noite o encontro casual com as letras "DR" na *Enciclopédia Britânica* lhe ofereceram, como presente,

55 Roberto Alifano, *Borges, biografía verbal*, Buenos Aires: Plaza y Janés, 1988, p. 171.

as entradas dos *druidas*, de *Dryden* e dos *drusos*.[56] Groussac estava, como o guardião dos livros, em algum lugar desta biblioteca. Aquela palavra que representava todo o universo, "Undr" (conto publicado em *O livro de areia*, de 1975), tem as mesmas letras dessa noite da enciclopédia. Muitos anos depois, o percurso pela biblioteca de livros que o diretor cego já não podia ler conta com a gravitação desses volumes sem letras que havia lido, levado por seu pai. A chamada enumeração caótica ou enumeração heteróclita como recurso borgiano é uma metonímia da totalidade. A resolução estética à qual se vê obrigado o poeta cego é a de oferecer um sucedâneo daquilo que só lembra e, no entanto, criar o efeito da incessante manifestação do dado. O problema central desse poeta irresolúvel é "a enumeração, ao menos parcial, de um conjunto infinito", e ao mesmo tempo a simultaneidade que deve oferecer na continuidade sucessiva da língua. Mas o limite implícito não vem da visão, mas da cegueira. A partir da subtração do olhar do poeta cego, só pode recordar uma série, um catálogo, uma ordem enciclopédica. Ordenação arbitrária e conjectural que, por exemplo, se projeta em "O Aleph" como o ritmo da sintaxe e a repetição do verbo "ver": vi isto, vi aquilo, vi aquilo outro, *vi*. E sub-repticiamente, *o que vê*, também deve olhar na totalidade inclusive o que não devia ser visto, as cartas obscenas de sua amada e também a igualmente obscena visão de seu corpo morto: "vi tigres, êmbolos, bisontes, inundações e exércitos, vi todas as formigas que há na terra, vi um astrolábio persa, vi em uma gaveta da escrivaninha (e a letra me vez tremer), cartas obscenas, inacreditáveis, precisas, que Beatriz havia escrito a Carlos Argentino, vi um adorado monumento na Chacarita, vi a relíquia atroz do que deliciosamente havia sido Beatriz Viterbo".[57] A visão deve ser interpretada de duas maneiras: se o visto equivale a *ver tudo*, essa visão só pode ser horrorosa e em consequência da cegueira, que é distinta e equivalente ao esqueci-

56 Jorge Luis Borges e Osvaldo Ferrari, *Diálogos*. Buenos Aires: Seix Barral, 1985, p. 171.
57 Jorge Luis Borges, "El Aleph", em *Obras completas 1923-1972*. Buenos Aires: Emecé, 1974, p. 626.

mento, é a única possibilidade do poeta; se o cego quer *substituir* o visto, só pode criar um efeito de totalidade com o catálogo parcial. O conto "O Aleph" não só é uma obra maestra por sua concepção imaginária, a originalidade de encontrar aquele objeto mágico no qual se concentra todo o universo, mas também porque só essa infinita manifestação que só poderia conhecer um deus é aquilo que revela ao poeta a verdade sobre a mulher que ama.[58]

Quando o poeta cego se projeta no sujeito imaginário de *Elogio da sombra* ou *História da noite*, quando esse sujeito afirma no poema "Elogio da sombra": "Demócrito de Abdera arrancou os olhos para pensar; / o tempo foi meu Demócrito. / Esta penumbra é lenta e não dói; / flui por um manso declive / e se parece com a eternidade"[59] e a ablação, os olhos arrancados são a condição do pensar e do poetizar, Borges produz a série como exercício rítmico do poema e como articulação da métrica em séries de hendecassílabos. Há numerosos poemas enumerativos do poeta cego, sobretudo a partir de *O ouro dos tigres* e *A rosa profunda*: enumera os fatos em "O passado", os objetos em "Coisas", os acontecimentos para que dois caminhem na Lua em "1977", uma quantidade de fatos diversos em "Poema da quantidade", os acontecimentos que deveriam ocorrer parar que se encontrasse as mãos dos amantes em "As causas", as coisas do esquecimento amontoadas desordenadamente no sótão para "Inventário", as lembranças que não existem e que desejaria ter em "Elegia da recordação impossível". Os poemas enumerativos são tantos que sua própria enumeração é longuíssima. Mas não se trata de uma regra mnemotécnica para favorecer a composição pelo ditado e

58 Talvez esta reticência no olhar do real que se magnifica com essa visão da totalidade fez de "El Aleph" um conto em que outros narradores desejam encontrar, isto é, *narrar* algo mais do que se manifesta ou se "vê" nele, em diversas variantes como "Help a él", de Fogwill, "O especialista o a verdad sobre 'El Aleph'", de Roberto Fontanarrosa, ou o controverso *El Aleph engordado*, de Pablo Katchadjian. Sobre estas questões e suas referências bibliográficas, ver Rosa Pellicer, "Reescribir a Borges. La lectura como palimpsesto", *Cartaphilus: Revista de Investigación y Crítica Estética*, 9 (2011), pp. 124-134.

59 Jorge Luis Borges, *Obra poética, 2 (1960-1972)*, op. cit., pp. 274-275.

pela recorrência, como disseram, mas uma visão do mundo, aquela que a subtração do olhar propõe.

Nos últimos livros de Borges aquilo que suplanta e desloca a cegueira, como seu complemento, é o tato. Ao recorrer os últimos livros de poemas, *A cifra* e *Os conjurados*, os que não evocam a memória ou a enumeração, o advertem a mão que acaricia ou o que se escuta. "A bengala de laca chinesa" não é uma coisa evocada, mas possuída. O poema diz: "O vejo", mas o olhar não é evocador, não é físico; diz também que a bengala é curiosamente leve e que sua materialidade é aquilo que lhe une ao seu artesão. O livro *Atlas*, de 1984, assim mesmo, é um livro de viagens que acompanha essas fotografias que Borges nunca viu. Ali há um texto, "O monumento", que revela o ato de uma visão artística. A foto mostra uma escultura contemporânea no campus da Universidade da Pensilvânia, na Filadélfia: é a escultura de um botão gigante de cinco metros de diâmetro e partido ao meio. Trata-se de *Split Button* ("botão partido"), escultura do artista Claes Oldenburg. Borges somente pode ter apalpado e percorrido essa obra, mas no texto fala da visão. Escreveu: "Para não ver não é imprescindível estar cego ou fechar os olhos; vemos as coisas de memória, como pensamos de memória repetindo formas idênticas ou ideias idênticas. Estou certo de que o senhor Fulano de Tal, cujo nome não consigo lembrar, viu subitamente algo que nenhum homem, desde o princípio da história, havia visto. Viu um botão. Viu esse instrumento cotidiano que dá tanto trabalho aos dedos, e compreendeu que para transmitir essa revelação de uma coisa simples tinha que aumentar seu tamanho e executar o vasto e sereno círculo que vemos nesta página e no centro de uma praça da Filadélfia".[60] Borges descobre nessa escultura um gesto afim: como se fosse homólogo daqueles objetos infinitos que têm o tamanho de uma coisa palpável – um livro, uma moeda, uma esfera brilhante –, o botão se expande muitas vezes em seu tamanho, ainda que não ilimi-

60 Jorge Luis Borges, *Atlas*. Com a colaboração de María Kodama. Buenos Aires: Sudamericana, 1984, p. 43.

tadamente, porque se torna objeto de uma visão artística. Borges pode evocar a visão como um ato meramente perceptivo, retiniano, mas de outra índole. O olhar vê o objeto – bengala de laca, botão gigante – não como um ato empírico, mas imaginário, e sua condição é aquele olhar cego que conforma seus objetos para além do que é dado.

Por isso o paradoxo olhar cego tem também relação com o cinema. Porque a condição do olhar cinematográfico não é aquela da percepção do olho, ainda que se valha da visão. Para Borges o cinema é correlato e ao mesmo tempo a separação desta visualidade, que também constitui um "campo cego". Pascal Bonitzer afirmava que a tela é um *cache*, uma visão parcial. Poderíamos dizer, com Borges, uma "magia parcial". O que se extrai da imagem vista é tão importante quanto o visto. As linhas de força da imagem, diz Bonitzer, os movimentos fixos, as linhas de fuga parecem atraídas por um centro de gravidade que está no exterior do quadro e é garantida por isso que se chama campo cego. O que está fora do campo da visão continua existindo, assim como o fundamento da imagem cinematográfica é sua continuidade e sua repetição.[61] A visão cinematográfica é análoga à visão da cidade daquele que se sente em morte porque teve a impressão de ter vivido esse momento. "Dizem que a doutrina da transmigração das almas e a do tempo circular ou Eterno Retorno foram sugeridas pela paramnésia, pela penosa e brusca impressão de ter vivido já o momento presente; em Buenos Aires, às 18h30min e às 22h45min, não há nenhum espectador cinematográfico, por mais desmemoriado que seja, que ignore essa impressão."[62] A condição da projeção cinematográfica é a escuridão, a simulação da noite. Dessa escuridão surge a imagem em seu onirismo vivo. E da sucessão de fotogramas entre os quais há um hiato surge a impressão de movimento. A montagem é sua gramática. Sua dialética é a da continuidade/

61 Pascal Bonitzer, *El campo ciego. Ensayos sobre el realismo en el cine*. Buenos Aires: Santiago Arcos Editor, 2007, pp. 68-79.
62 Jorge Luis Borges, "Dos films", *Sur*, a. XII, n. 103, abril 1943, pp. 103-104. Incluído em Edgardo Cozarinsky, *Borges y el cine*. Buenos Aires: Sur, 1974. Edição ampliada como *Borges en/y/sobre cine*, Madrid: Fundamentos, 1981.

descontinuidade. Foi Edgardo Cozarinsky quem advertiu sobre a estreita relação de Borges e o cinema em seus procedimentos construtivos em seu ensaio "Magias parciais do relato", incluído em *Borges e o cinema*, de 1974 – que também reúne as notas que Borges escreveu em *Sur* sobre cinema, entre 1931 e 1944. Agregamos que a paradoxa condição é, de novo, a cegueira. Cozarinsky aponta que o enumerativo – aquilo que pontuamos como um recurso do poeta cego e do narrador de Aleph para simular a totalidade – supõe uma condição dupla: por um lado, a enumeração é uma série de marcos, mas também é uma série de hiatos. "Dizer o indizível é seu propósito – afirma Cozarinsky –; sua índole, ainda que fiada em um modo último, é, como a do próprio relato, sintática".[63] Borges põe em jogo essa dialética que reconhece na linguagem cinematográfica, feita dessa descontinuidade de um texto presente que parece o signo de um texto maior. Esse caráter, que Cozarinsky ou Graciela Speranza – que vincula também a Duchamp – atribuem à arte narrativa, também procede da poesia toda vez que se trata de uma história da noite que depende desses tênues instrumentos, os olhos. Aqueles olhos não percebem ali o real, mas seu distanciamento em um simulacro, uma irrealidade, uma imagem fantasmagórica que a luz recria. Speranza aponta, em *Fuera de campo: literatura y arte argentinos después de Duchamp*, que Borges destaca na narração cinematográfica a oralidade, o relato oral, mas também sua irrealidade, o cinema como o veículo de uma realidade alternativa "alucinatória, sem subordinação nem coesão": "o escritor encontra no *fora de campo* uma potencialidade da linguagem visual que o leva a forçar seus materiais para tentar imitar sincronicamente o tempo e o espaço".[64] Mas tanto a busca da oralidade como esse caráter irreal estavam desde o começo, antes que na narrativa, na poesia de Borges, que, por certo, já desde os anos vinte questionava "as visualidades" e o "eu de conjunto". O "aborrecido" Charles Foster

63 Edgardo Cozarinsky, *Borges y el cine*, op. cit., p. 21
64 Graciela Speranza, *Fuera de campo: literatura y arte argentinos después de Duchamp*. Buenos Aires: Anagrama, 2006, p. 135.

Kane – escreve Borges depois de ver o filme *Cidadão Kane*, de Orson Welles, em 1941, e resenhá-lo para o número 83 da revista *Sur*, sob o título "Um filme sufocante", aquela imagem de Kane multiplicada dezenas de vezes em um espelho antes de agonizar e pronunciar o vocábulo "Rosebud" –, aquele aborrecido Kane "é um simulacro, um caos de aparências. (Corolário possível, já previsto por David Hume, por Ernst Mach e por nosso Macedonio Fernández: nenhum homem sabe quem é, nenhum homem é alguém)".[65]

Borges foi ao cinema durante toda sua vida, inclusive depois de sua cegueira e até a velhice: posso atestar não só porque o declarou em várias reportagens e existem vários testemunhos, mas porque, além disso, o escutei e o vi pessoalmente. Borges ia ao cinema também para *escutar* os filmes, porque não naturalizava a oralidade e sabia que o sonoro era uma dimensão estética do filme – lembre-se de seu ensaio "Sobre a dublagem", de 1945.[66]

Como relatei no final do ensaio anterior, "O tempo e a maré", pouco depois da morte de Orson Welles, em 10 de outubro de 1985, a sala Lugones da Cinemateca do Teatro San Martín, de Buenos Aires, fez um pequeno ciclo de homenagem ao diretor, no qual se projetou *Cidadão Kane*, de 1941. Foi um ano antes da morte de Borges, nos meses prévios a sua viagem à Europa, em dezembro de 1985, para não regressar mais a Buenos Aires. Com as primeiras imagens do filme e a luz da tela,

65 Incluído em Edgardo Cozarinsky, *Borges y el cine*, op. cit., p. 65.

66 Idem, pp. 72-74. Lembro um desses testemunhos sobre a oralidade do cinema: o radialista Hugo Guerrero Marthineitz realizou uma entrevista no rádio de duas horas na época que estreou *Apocalypse Now* (1980), de Francis Ford Coppola, em Buenos Aires. Borges contou que tinha ido ao cinema porque lhe interessava a adaptação do relato *Heart of Darkness*, de Joseph Conrad, que admirava e no qual se baseava o filme de Coppola. Mas não gostou da adaptação e ironizou o fato de que os protagonistas não se pareciam em nada com os personagens de Conrad, e eram soldados norte-americanos que ficavam injuriados e "dizendo palavras feias como meninos de quarta série". Além do livro fundacional de Cozarinsky e do texto de Speranza, antes citados, sobre a relação de Borges e o cinema, pode-se se consultar o exaustivo trabalho de Gonzalo Aguilar e Emiliano Jelicie, *Borges va al cine*, Buenos Aires: Libraria, 2011.

como é habitual, quando alguém caminha na penumbra de uma sala de cinema iluminada pela tela, olhamos com alguma impaciência esses movimentos no corredor. De minha poltrona distingui claramente que nesse instante, inconfundível sob a luz irreal do cinematógrafo, como se fosse uma espécie de espectro familiar, atravessava o corredor Jorge Luís Borges, guiado por María Kodama. Quando se acenderam as luzes, já tinham ido. Lembrei que a primeira vez que soube da existência do filme de Welles foi por ter lido a resenha de Borges, escrita na ocasião da estreia. O que tinha ido ver aquele cego quarenta anos depois? Em sua última aparição o ancião e enfermo Charles Foster Kane atravessa a tela que duplica ao infinito dois espelhos frente a frente e se perde no "campo cego". Era muito estranho ter visto essa última imagem de Kane, antes que fosse revelado ao espectador o sentido de "Rosebud", sobreposta à imagem de Jorge Luis Borges iluminado por essa luz um pouco espectral. No ano seguinte, em 1986, morreu em Genebra. Como se essa imagem fosse indelével e definitiva, tente imaginar que o poeta cego não ia ao cinema para ver o filme, mas para "se sentir em morte", a alucinar, a subtrair o olhar para sonhar acordado, para sentir a luz da irrealidade golpear os olhos cegos.

TODO AUTOR É UM MORTO

L'autore non è morto, ma porsi come autore significa occupare il posto di un morto.

Giorgio Agamben

O POEMA COMO TEATRO DA MORTE

por Tadeusz Kantor, Stéphane Mallarmé

No claro-escuro da cena, um conjunto de cadeiras alinhadas revela uma sala de aula com crianças. São crianças polacas, estão vestidas de preto e olham com esse olhar entre o distraído e o ensimesmado que faz com que olhem fixamente para a frente, em direção a algo que com propriedade poderíamos chamar de *nada*. A pele é amarelada, como de cera, e estão imóveis, mas não estão mortos. Estão inanimados: são todos, ou quase todos, manequins. Alcançam, em sua imobilidade, a imagem precisa do humano, mas ao mesmo tempo a negam, a interrompem. São como um refugo, e ao mesmo tempo um emblema. Condensam uma cena total da infância que resiste na memória, mas em sua mera presença algo, irremediavelmente, já teve lugar e se perdeu para sempre. São os membros de certa classe da escola primária em uma aldeia polaca, mas pertencem a uma Classe Morta.

Como uma foto velha, essa cena, que é uma cena teatral, informava a lembrança de um homem. Chamava-se Tadeusz Kantor, um dos diretores de teatro mais geniais do século XX. Kantor nasceu em Wielopole, Polônia, em 6 de abril de 1915 e morreu na Cracóvia, em 8 de dezembro de 1990. Acreditava ser possível que a cena teatral se transformasse em uma câmera de sua imaginação e em uma experiência preterida. A cena teatral, dizia, pode ser um "albergue da memória". Mas os meninos daquela sala de aula chegavam ali como as silhuetas arruinadas, em seu absorto e embaçado perfil, a sensação era de pertencimento a um depósito de cadáveres de qualquer cemitério. No entanto, a visão de um ato espectral não produzia nos espectadores a tristeza e a decepção da dor, mas a aterradora alegria da epifania, e podia provocar, indistintamente, a risada furiosa ou a angústia. Por algum motivo escuro, sua esmeradíssima crueldade produzia uma emoção inquebrantável.

Mas Kantor conhecia o segredo dessa incongruência feliz. Sua jogada da *A classe morta* data de 1975 e foi na mesma época que escreveu seu ensaio-manifesto "O teatro da morte". Ali Kantor especulava, a partir da teoria das marionetes de Gordon Craig, sobre o processo de irrealização e desmaterialização dos elementos da arte, desde o dadaísmo e o *happening* até as suas próprias experiências estéticas, o "teatro zero", o "teatro informal", o "teatro impossível", que o levariam até o teatro da morte com obras como *A classe morta, Wielopole, Wielopole* ou *Que morram os artistas!* Nesse processo, seu próprio teatro alcançava a imagem do homem como singularidade no momento no qual estranhava a si mesmo, se subtraía enquanto humanidade vivente para se manifestar no artifício mortuário como uma realização plena da existência, a antecipação da morte na ficção. Poder-se-ia afirmar que esse teatro era uma paradoxal afirmação da negatividade, sua representação artística como forma teatral.

> Esta MENSAGEM reveladora – escreveu Kantor em seu manifesto "Teatro da morte" – que produzia nos espectadores (para utilizar o termo atual) uma comoção metafísica, provinha da região da MORTE. E a alusão à MORTE, a sua beleza trágica e cheia de ESPANTO, formaria os meios e a arte desse ATOR. (...)
> HÁ QUE SE RECUPERAR A FORÇA ORIGINAL DA COMOÇÃO DESSE MOMENTO, QUANDO FRENTE A UM SER HUMANO (ESPECTADOR) APARECEU PELA PRIMEIRA VEZ UM SER HUMANO (ATOR), ASSOMBROSAMENTE PARECIDO COM NÓS, MAS, AO MESMO TEMPO, ESTRANHO ATÉ O INFINITO, E SITUADO DO OUTRO LADO DE UMA BARREIRA INTRANSPONÍVEL.[67]

67 Tadeusz Kantor, *Teatro de la muerte y otros ensayos (1944-1986)*. Seleção e tradução de Katarzyna Olszewska Sonnenberg. Barcelona: Alba, 2010, pp. 134-135.

O espectador de *A classe morta* descobria que todas as crianças eram manequins, ainda que provavelmente junto a eles se encontrasse, também, um ator. Não eram os manequins que tomavam o ator como seu modelo: estes bonecos seriam um modelo para o ator. O que esses manequins transmitiam ao ator em sua imobilidade era um efeito mortuário, como o de um cadáver exibido. Para a lógica do teatro de Kantor, o morto chama toda a atenção, provoca uma incômoda familiaridade, e ao mesmo tempo se distancia de nós, que habitamos o tempo, enquanto ele já se situa no que cessa, no umbral de uma distância interminável: o nada pontual. O ator se torna, ao ser protagonista dessa memória, um estranho para nós – como os manequins, como os mortos. Um homem exatamente igual a cada um de nós, mas ao mesmo tempo infinitamente distante, como se na cena se revelasse uma memória que já *foi*, e ao mesmo tempo concentrasse em si mesma um vazio material. O autor alcança, em sua proximidade com os manequins que encarnam a lembrança, a condição da morte como representação dramática. Por isso, Kantor declarou:

> O homem morto possui as mesmas características que deve ter o ator. O cadáver chama a atenção da gente, e a rejeição: o mesmo deve acontecer com o ator. Deve atrair e rejeitar. Também ele. O artista deve se despojar do prestígio oficial, do prestígio social, deve estar só: isto é, deve ser apenas ator. Para mim o ator é o artista mais sensível, porque é um pouco exibicionista. Portanto, possui as características do morto. Atrai e repele. Além disso, como o morto, é verossímil para os demais, para os espectadores. (...) E deve estar morto, deve estar separado para sempre, de modo inimaginável, dos espectadores. Por isso fazemos de tudo no método de interpretação dos atores, para criar esta barreira invisível, como a que existe entre os mortos e os vivos. [68]

68 Franco Quadri, "Con Tadeusz Kantor" en *Cuadernos El Público*, 11, Madrid, Centro de Documentación Teatral, 1986.

Aquilo que Kantor havia descoberto é um dos paradoxos mais lúcidos que pode proporcionar a estética: a certeza de que na arte *a noção de vida não pode ser reivindicada mais que pela ausência de vida.*

Mas havia algo mais, tanto ou mais inquietante que a combinação de objetos desconjuntados e empoeirados, figuras guignolescas, manequins e atores numa dimensão única. Era o fato de que o próprio Tadeusz Kantor, sentado em uma cadeira em um lado do cenário, mas tomando parte da cena, estivesse ali, ali mesmo, durante toda a representação. Tinha às vezes um chapéu de feltro preto e um cachecol escuro. Olhava de relance as suas fantasmagorias, a sua própria memória representada na câmera da reminiscência e do imaginado, com uma mão sobre a boca, titubeando, ou na aura equívoca da resignação. E às vezes se levantava de sobressalto, estalava os dedos, como que apressando os personagens para que assumissem seu destino, para que cumprissem seu papel, para que fossem, impudicamente, todos eles, junto aos objetos destruídos pelo tempo, *a memória* de Kantor. Ia e vinha, como que arrastado por sua própria ficção, pela irrealidade que o transformava, também a ele, em um morto vivente. Eu mesmo vi no teatro esse Kantor de carne e osso se irrealizar em sua cena, como que apagando-se na luz crua dos focos, para se antecipar, definitivamente, a aquele que Jan Kott presenciou um dia. O fato ocorreu pouco depois de Tadeusz Kantor ter morrido:

> Eu imaginava que a cadeira estaria sobre o cenário desde as primeiras luzes até o final do espetáculo. Encontrava-se do lado esquerdo do palco e nela estava Kantor, outra vez com o mesmo chapéu de feltro e com o cachecol preto jogado, como antes, no ombro, três quartos de seu rosto voltado em direção às cortinas. Parecia vivo. Pensei que naquele teatro, no qual os atores e seus retratos se intercambiavam mutuamente, tratava-se de um manequim de Kantor. Mas aquele manequim se levantou da cadeira, começou a andar e inclusive repetia o impaciente estalo

> de dedos de Kantor. Da fita chegava sua voz. Depois já era a voz de um intruso. [69]

Jan Kott se esforçava, todavia, em distinguir o vivo do morto, mas no teatro da morte o autor é funcional, não hierárquico em relação com a cena. E ali era patente seu próprio estatuto ficcional, sua irremediável condição de incentivo rápido, de expirada sombra.

Secretamente, sempre acreditei que o poema é como aquele teatro da morte de Tadeusz Kantor: ali o sujeito autoral deve se antecipar como morto, para poder se realizar enquanto enunciação poética pura de um sujeito imaginário. Stéphane Mallarmé o havia percebido com clareza, em uma carta a Cazalis de 14 de maio de 1867, quando diz: *je suis parfaitement mort.* Escreve:

> Tudo o que, por repercussão, meu ser sofreu, é inenarrável, mas, por sorte, estou perfeitamente morto, e a região mais impura na qual meu Espírito pode se aventurar é a Eternidade: meu Espírito, esse solitário frequentador de sua própria Pureza, que não obscurece mais nem sequer o reflexo do Tempo (...). Te confesso que agora sou impessoal, e não mais o Stéphane que tu havias conhecido, mas sim uma aptidão que conta com o Universo Espiritual para se ver e se desenvolver, através daquilo que foi [um] eu.[70]

Alguns comentaristas de Mallarmé apontam que esse aspecto é o verdadeiro tema da prosa inconclusa *Igitur.* Experiência poética da negatividade, o ser de Igitur se realiza através da assunção do não ser. O caminho de Igitur em direção a seu próprio suicídio filosófico impõe a reconciliação do herói com o Absoluto, mas no caminho

69 Jan Kott, "Post-mortem", en *La Jornada Semanal,* México D.F., Nº 159, 22 de marzo de 1998 (retirado de: Jan Kott, *Kadish,* Gdańsk, Ed. Siowa i obraz, 1991. Tradução: María Sten e Alfredo Michel).

70 Stéphane Mallarmé, *Correspondance: lettres sur la poésie.* Edição de Bertrand Marchal. Paris: Gallimard, 1995, pp. 342-343. Minha tradução.

do nada, feito de espelhos repetidos, de cortinas, de escadas, de um veneno amigável.

Alguns críticos, como Jean-Pierre Richard, asseguram que desde 1866 Mallarmé havia descoberto Hegel com entusiasmo, e que a potência da negatividade, antes de ser um aspecto conceitual, foi para o poeta uma experiência verdadeiramente íntima.[71] O autor impotente de 1865, o imperioso fracassado, o galanteador da esterilidade, havia descoberto o nada como uma angústia do sujeito, a inquietação do eu:

> Estou triste – escreve a Cazalis na primavera de 1865. – Um vento glacial e negro impede meus passeios, e não sei o que fazer em casa quando meu débil cérebro me proíbe de trabalhar. Porque tenho o desgosto do eu: retrocedo, ante os espelhos, vendo meu rosto decadente e apagado, e choro quando me sinto vazio e não posso lançar uma só palavra sobre o papel implacavelmente branco. (...) [Porque] É certo que tudo colaborou para o meu nada.[72]

Mas no ano seguinte, ao observar que a própria negatividade era o fundamento de toda a diversão, o poeta se exaltou no abatimento, se anulou em cada uma de suas imagens especulares e obliterou seu eu para ressurgir como idealização vazia no poema futuro, longe do altar da pessoa. Por isso, Richard chamou a *Igitur* de um pesadelo metafísico, uma liturgia da negação, onde o personagem articula um verdadeiro *cogito* dialético: "Morro, *logo* vivo; já não sou, *logo* sou".[73] Essa vida do eu, que se opõe à morte, nascia, ou renascia, da própria morte. Em algum esboço Mallarmé havia concebido esse drama do eu subtraído como um fato cênico, que, ao modo de *Herodiade*, não fosse possível no teatro; mas que exercesse a *exigência* do teatral. *Igitur* é, guardada

71 Jean-Pierre Richard, *L'Univers imaginaire de Mallarmé*. Paris: Seuil, 1961, pp. 183-187.
72 *Correspondance*, op. cit., p. 235. Minha tradução.
73 Jean-Pierre Richard, op. cit., p. 185.

a distância, a forma poética que se visualiza como teatro da morte: tematiza o autor como um morto para se constituir em seu canto, em seu Hino teatralizado, isto é, mostrado como Ideia. A noção não é arbitrária: em algumas notas posteriores é possível ler apontamentos de Mallarmé com frases como esta: "O Drama é causado pelo Mistério do que segue – a Identidade (Ideia) de Si – do Teatro e do Herói através do Hino." Ou ainda: "[O] teatro = [A] ideia / [O] herói = [O] hino / e isto forma um todo / Drama ou Mistério que se interpenetram".[74]

A ideia da ausência de vida para reivindicar a noção de vida que exercia Kantor no teatro da morte adquire aqui uma inesperada genealogia, quando Mallarmé observa que atua por eliminação, por subtração, por aniquilamento do eu.[75] Enquanto o autor afirma "estou perfeitamente morto" e se farta da irrealidade ante um eu na consumação do nada, o sujeito imaginário do poema trabalha como o substituto do autor. Esse autor se apresenta e representa um morto que diz eu.

Assim, o poema, a obra artística, como sugeriu Maurice Blanchot, não se leva a cabo para se preservar da morte, para conjurá-la no troféu da arte. A obra se realiza como antecipação ficcional da morte. Mallarmé, afirmava Blanchot, experimentou a secreta vitalidade deste nada e "percebeu o trabalho da ausência, que captou nela uma presença, uma potência assim como no nada, um estranho poder de afirmação".[76] Em suas cartas pessoais a transformação se realiza apenas quando pode afirmar o aniquilamento do pronome Eu, o momento no qual a morte e

74 Citado por Edmond Bonniot no prefácio de sua edição de *Igitur ou la folie d'Elbehnon*, Paris, Gallimard, 1925. Reproduzido em Stéphane Mallarmé, Œuvres. Edición de Yves-Alain Favre, Paris, Classiques Garnier, 1992, pp. 645-654. Tradução do autor.

75 Alain Badiou caracteriza como "subtração e afastamento" o método, isso que chama de "a lógica de Mallarmé", na apropriação filosófica de sua poesia (ver Alain Badiou, *Condiciones*, Buenos Aires, Siglo XXI, 2002, pp. 97-120). Uma crítica à leitura de Mallarmé por Badiou pode ser lida em Jacques Rancière, "El poeta en el filósofo: Mallarmé y Badiou", en *Política de la literatura*, Buenos Aires: Libros del Zorzal, 2007, pp. 269-302.

76 Maurice Blanchot, "La experiencia de Igitur", en *El espacio literario*. Barcelona: Paidós, 1992, p. 100.

a linguagem se afirmam no lugar da negatividade, esvaziando a própria noção de pessoa, como substituição do indivíduo mortal.[77] O eu fala, se vocaliza como *flatus vocis* e nesse hálito antecipa sua própria dissolução. Mas, então, que eu diz *eu* no poema?

77 Ver Giorgio Agamben, *El lenguaje y la muerte. Un seminario sobre el lugar de la negatividad*. Valencia: Pre-Textos, 2003.

QUEM DIZ EU?

por Bernard Nöel

Feito de sombras, como uma rajada da voz ausente, como um gesto, como um reflexo que não encontra seu espelho, alguém se levanta na lírica, elusivo e fantasmagórico: alguém que ainda diz *eu*. Nesse momento toda a poesia lírica descobre uma das aporias da linguagem: quem diz eu quando se diz *eu*?

Benveniste pensou sobre isso de um modo luminoso.[78] O homem se constitui na e pela linguagem toda vez que a linguagem o funda em seu ser mediante o conceito de Ego. É Ego quem diz Ego, fundamento da subjetividade. Para que essa subjetividade seja possível na linguagem haveria ao menos duas condições: (a) que ao dizer *eu* me ponho como sujeito e me remeto a mim mesmo em meu discurso, e (b) que ao dizer *eu* propõe outra pessoa, exterior a mim e que no entanto me constitui cada vez que digo *eu*: tu. A polaridade eu-tu é assim a condição fundamental de toda a comunicação e constitui também a subjetividade.

Estes termos não são, de todo modo, entidades concretas. São formas da linguagem que indicam a pessoa. São, poderia se dizer, formas vazias. Como tal, o vocábulo *eu* coloca um problema mais complexo que outra classe de palavras. Como é possível que *eu* designe simultaneamente qualquer indivíduo e ao mesmo tempo cada indivíduo particular que diz *eu*? A resposta que dá a linguística é que *eu* é um pronome pessoal e se refere a um ato discursivo. *Eu* se refere ao ato do discurso em que é pronunciado e designa quem o pronuncia. *Eu* é aquele que diz *eu*

78 Ver Émile Benveniste, "De la subjetividad en el lenguaje", en *Problemas de lingüística general*, I, Buenos Aires: Siglo XXI, 1991.

aqui e agora. E é nessa instância que a subjetividade se constitui. A linguagem permite assim ao que fala se apropriar da língua inteira e se designar como *eu*.

Mas deve-se acrescentar que esse momento no qual um sujeito se diz *eu* tem uma dimensão temporal. É neste agora quando digo *eu*, mas este *agora* se dimensiona frente a um fundo comum que define seu próprio transcorrer: a morte, a mortalidade. É precisamente o termo previsto para todo presente, o termo mortal, aquele que enche de irrealidade este momento em que digo *eu*. Isso abre, então, um paradoxo. Retorna nele esse enunciado impossível, do qual a figura do senhor Valdemar, de Poe, seria seu modelo. O fragmento diz:

> O senhor Valdemar *falava*, e era evidente que estava respondendo à interrogação formulada por mim uns minutos antes. Como se recordará, eu havia lhe perguntado se continuava dormindo. E agora escutei:
> — Sim... Não... *Estive* dormindo... E agora... Agora... *Estou morto.*[79]

I am dead, diz Valdemar: *eu estou morto*. Há frase mais irreal que esta? Ninguém pode pronunciar esta frase, a menos que seja um fantasma. A própria condição do poema é que o eu se ausente, e que sua própria retirada seja aquilo que dê lugar ao poema. Já que a linguagem é, finalmente e por isso mesmo, a fala dos mortos.

Esse paradoxo é o que explora a poesia do poeta francês Bernard Noël.

79 "M. Valdemar *spoke* — obviously in reply to the question I had propounded to him a few minutes before. I had asked him, it will be remembered, if he still slept. He now said:
'Yes; — no; — I *have been* sleeping — and now — now — *I am dead*'" (Edgar Allan Poe, "The facts in the case of M. Valdemar". In.: *The short fiction of Edgar Allan Poe: an annotated edition*, editado por Stuart Levine e Susan Levine, Urbana and Chicago, University of Illinois Press, 1990, p. 138). Reproduzo aqui a citação correspondente à tradução de Julio Cortázar para: Edgar Allan Poe, *Cuentos, 1*. Madrid: Alianza Editorial, 1970, p. 124.

Sua pergunta fundamental – de fato, uma pergunta fundamental da lírica – é: quem diz *eu?* Porque a poesia de Noël trabalha no coração do paradoxo e, além disso, se vale daquilo que a língua francesa favorece para construir a ambiguidade própria da subjetividade na linguagem: o *je* e o *moi*. O *je* é o princípio ao qual atribui seus estados e seus atos; o *moi* define a consciência de si mesmo. Chamarei de *je* o "sujeito" e de *moi* o "eu". O *je*, o sujeito seria, na poesia de Noël, a forma vazia que preenche um fantasma; o *moi*, o eu, seria o sujeito encarnado, porque em Noël toda consciência de si é uma consciência carnal, uma consciência do corporal, uma consciência concreta da própria matéria. O *moi*, o eu é corporal na poesia de Noël. Porque explora precisamente aquela duplicidade que supõe o paradoxo linguístico: se o sujeito é aquele *que se diz sujeito* em cada ato discursivo, então, quem fala no poema se o eu carnal, se o eu mortal, se o eu submetido à tormenta do tempo é *o que passa*, o *passant*, o que transita em direção ao seu próprio fim? Há uma inadequação, uma duplicidade, um convívio de fantasmas. Por essa razão, lemos:

qu'ai-je pensé
qui
déjà
enlevait la peau
de mon visage
parfois tout se tient
sauf moi
et ce défaut suffit à donner lieu

o que eu pensei
quem
já
arrancava a pele
do meu rosto
às vezes tudo se sustenta

menos eu
e esse defeito basta para dar lugar[80]

Nestes versos o sujeito que pensou, o *je*, se transforma em *quem*: posto que o dito sujeito se diferencia do eu carnal, no seio da linguagem já estabelece, no ato de sua enunciação, o exílio desse eu carnal: arranca a pele do rosto. *Parfois tout se tient* – diz. Essa frase é característica: *tout se tient*, tudo se sustenta, tudo coincide consigo, tudo se corresponde: *tout se tient* é a frase que define o mundo da analogia universal, que foi a religião do romanticismo e também do simbolismo, o mundo das correspondências do poema de Baudelaire: "Les parfums, les coulers et les sons se répondent" ["os perfumes, as cores e os sons se respondem"].[81] Neste, fala das correspondências, o mundo é como uma linguagem onde primam as semelhanças e por sorte o poeta é seu intérprete.

Mas se no mundo tudo se corresponde, *tout se tient*, o sujeito que diz *eu* e o eu carnal também deveriam coincidir em uma vasta e profunda unidade. E, no entanto, há um hiato, o hiato do tempo: o hiato que padece a carne mortal no tempo destruidor, o hiato da finitude. Às vezes tudo se corresponde, tudo se sustenta – diz Noël – *sauf moi*: salvo eu. Nesse mundo analógico o eu é uma falta, é o que falta. Tudo se sustenta, *salvo eu*. Há um termo na cadeia das correspondências que *falta*, mas esta falta é, entretanto, o que *dá lugar*, o que gera o próprio espaço do poema.

O que parece afirmar dramaticamente o poema de Noël é que a condição mesma da linguagem, a condição mesma do poema é que *o eu*

80 Bernard Noël, *La rumeur de l'air*, em *La Chute des temps*. Paris: Gallimard, 1993. Sara Cohen traduziu para o espanhol esta obra de Noël, publicada em um mesmo volume com *Sur un pli du temps*, em edição bilíngue. Na sequência, transcrevo esta versão ao espanhol dos versos, também citados em sua língua original (Bernard Noël, *El rumor del aire. Sobre un pliegue del tiempo*. Tradução e prólogo de Sara Cohen. Buenos Aires: Botella al Mar, 2001, p. 37. Indico o número da página desta edição ao final de cada citação).

81 "*Or, tout est analogie dans les arts. Tout se tient*" ["Pois tudo é analogia na arte. Tudo se corresponde"], escreveu Wilhelm Ténint em um tratado de prosódia romântica, publicado em 1844, com uma carta ao autor Victor Hugo e prefácio de Émile Deschamps: *Prosodie de l'école moderne*. Paris: Didier libraire-éditeur, 1844. p. 85.

se ausente, que seja sua própria retirada aquilo que dá lugar ao poema. Já que a linguagem é, finalmente e por isso mesmo, testamentária: ela fala de um morto.

Noël escreve :
tant qu'un homme vit
il n'a pas besoin de compter sa langue
quand un homme meurt
il doit rendre son alphabet

de chaque mort
nous attendons le secret de la vie
le dernier souffle emporte
la lettre manquante

elle s'envole derrière le visage
elle se cache au milieu du nom

enquanto um homem vive
não tem necessidade de dar conta de sua língua
quando um homem morre
deve render seu alfabeto

de cada morto
esperamos o segredo da vida
o último alento leva consigo
a carta ausente

ela alça voo atrás do rosto
ela se esconde no meio do nome
(p. 79)

Precisamente porque o poema é como essa carta que envia um moribundo, como um testamento, para ser lida quando seu eu tenha desaparecido e, no entanto, o poema ainda está dizendo *eu*. E algo mais: o poema é como uma carta com seu destinatário, onde esse eu que a envia está sendo constituído pelo outro que a recebe no circuito comunicativo, isto é, por um tu: "c'est en nous-même / que l'autre nous attend", escreve Noël (é em nós mesmos / que o outro nos espera", p. 35).

No entanto, ao mesmo tempo, se reabre o circuito do vazio: porque se o sujeito se constitui a partir do outro que o espera e se o sujeito só pode ser pronunciado no poema quando o eu carnal está ausente, então a condição mesma dessa espera do outro em nós mesmos *implica nossa própria ausência*. Por isso Noël escreve:

> *l'Autre est une bouche qui dit*
> *NON*
>
> o Outro é uma boca que diz
> NÃO
> (p. 46)

E ali o poema desespera: o eu desespera no poema. Leiamos cuidadosamente esta súplica: *change-moi dis-je / fais de moi un toi.* [Mude-me digo / faz de mim um tu] (p. 46). O sujeito pede para ser definitivamente *outro* e nesse pedido retorna aquele abismo inicial que abria Rimbaud na poesia ocidental: *Je est un autre.* O que nos diz Noël é que se o ser humano se constitui em e pela linguagem; se a linguagem funda seu ser mediante a noção de *eu*, de Ego, não apenas o sujeito que nomeia a si mesmo vacila: tampouco o tu que o constitui pode sustentá-lo, ao menos que se torne intrinsecamente (o) outro. Nesta ambiguidade, nesta irremediável separação, a poesia de Noël nomeia dramaticamente a radical alteridade do humano.

Escrevi, outra vez, dramaticamente: porque em Noël esse reconhecimento não é gratuito nem resignado. Tem a força de uma interjeição e o ritmo entrecortado de um canto vertiginoso. O poema sabe que, ainda que proferido às custas da dissolução do eu carnal, este eu, cujos lábios levam o pó do exílio, é o verdadeiro sustentador do ato enunciativo: *je*. Por isso na poesia de Noël não só aparece o corpo como um motivo fundamental, mas sobretudo os órgãos que possibilitam a passagem do corporal à ficção da linguagem: os órgãos da fonética, a língua na boca. Na poesia de Noël a linguagem, a língua é o que move a língua, a boca é o limite e ao mesmo tempo a abertura da carnalidade e a finitude no espaço que abre a ausência do eu. Porque em certo sentido a sombra, o tempo, a morte falam na língua por essa mesma boca. Os fantasmas falam todo dia por essa boca, por *nossa* boca. Nosso fantasma, o fantasma que seremos *já fala*, à luz do dia, por *esta* boca. Surge assim outro paradoxo que enuncia o nome desse poema: "Nulle part ma voix" ["Em nenhum lugar minha voz"]. Porque a boca carnal, a boca do corpo é a que profere a língua do poema com uma voz que, no entanto, *não está em nenhuma parte*.

A poesia de Noël se sabe ar proferido, e, ao mesmo tempo, passado: se sabe hálito sem lugar, voz sem substância. E talvez essa poesia nos diga que a festa da linguagem poética deva se oferecer *sem* nós, e que ainda nessa dor da perda, nessa ambiguidade, funda sua terrível beleza. Diz talvez que quando *a morte fala no poema*, a linguagem *vive*. Vive como um deus, inclusive como um falso deus porque está feito desse tempo que nos rói o coração. Isso diz, por acaso, este poema final:

la langue a créé le temps
puis s'en apercevant
elle a créé dieu
pour qu'il mange le temps
maintenant
nous marchons sur ses dents

a língua criou o tempo
logo que se deu conta
criou a deus
para que devore o tempo
agora
caminhamos entre seus dentes.
(p. 45)

A MÚSICA DA DOR

por Antonio Gamoneda

Ao analisar as emoções na *Retórica* (II, V), Aristóteles afirmava que o medo é uma aflição ou uma agitação produzida pela perspectiva de um mal futuro que pode provocar destruição ou dor. Mas esse mal futuro produz medo toda vez que está próximo, e não distante, isto é, quando se vive na iminência do mal. Sabemos que vamos morrer, pondera Aristóteles, mas não estamos aflitos por isso porque não acreditamos que a morte seja iminente. O medo que nos invade e nos arrebata só poderia ser causado por aquilo que possui o imediato poder de nos causar dor. E, no entanto, leio a poesia de Antonio Gamoneda e compreendo que isto não é assim. Leio, por exemplo, esses versos que, ainda que citados e reconhecidos, não perdem sua comovedora eficácia: "Juventude da dor. Cresce a seiva / verde e amarga da primavera". O poema a que pertencem data de 1951, isto é, quando o poeta tinha vinte anos. Diz:

> É um homem. Vai sozinho pelo campo,
> escuta seu coração, como golpeia,
> e, de súbito, o homem se detém
> e se põe a chorar sobre a terra.
>
> Juventude da dor. Cresce a seiva
> verde e amarga da primavera
>
> Em direção ao ocaso vai. Um pássaro triste
> canta entre os ramos negros.

Já o homem apenas chora. Se pergunta
pelo sabor de morto de sua língua.[82]

Pouco depois li esta declaração de Gamoneda em seu ensaio "La poesía em la perspectiva de la muerte" ["A poesia na perspectiva da morte"]: "Eu escrevo a partir do medo e o medo sempre está direcionado ao porvir. O tempo poético – meu tempo poético – é mais longo que o dos poetas portadores da esperança, porque o extremo de qualquer esperança é anterior à morte".[83] Neste caso o medo, se se direciona ao porvir como propunha Aristóteles, não se situa no imediato, mas em um tempo cujo horizonte obscuro se dilata no contínuo da vida. Como é possível, de outro modo, uma "juventude da dor"? Em um de seus primeiros poemas, Gamoneda fixa este espaço do tempo poético: o medo – cuja eminência de dor é contínua, cujo futuro de dor corre como um rio na própria fronteira do presente e nos arrasta e nos inunda em um seguro naufrágio –, o medo – entendido nessa perspectiva do mal futuro que pode provocar destruição e dor –, o medo é, na poesia de Gamoneda, uma figuração da morte como conteúdo próprio da linguagem poética.

Há, ao mesmo tempo, uma futuridade e uma juventude da dor, que o poeta articula. Mas assim mesmo há uma memória, que haverá de se unir a uma *infância da dor*. Porque essa articulação da morte na linguagem tem um ponto cego, persistente, biográfico e histórico na aquisição de seus signos. Imaginemos um menino que começa a ler, que começa a encontrar essa enigmática correspondência entre os vocábulos, os signos e as coisas, para o qual seu próprio corpo, seus ritmos corporais, os jogos vocálicos nos quais deriva e com surpresa habita, se tornam uma experiência vital, única, uma das experiências mais comovedoras do humano: o ingresso no mundo simbólico, que é ao mesmo tempo um doloroso exílio definitivo do seio materno e uma intempérie que

82 Antonio Gamoneda, *Esta luz. Poesía Reunida (1947-2004)*. Edición de Miguel Casado. Barcelona: Círculo de Lectores / Galaxia Gutemberg, 2004, p. 31

83 Antonio Gamoneda, *El cuerpo de los símbolos*. Murcia: Huerga y Fierro editores, 1997, p. 28.

provoca, quase simultaneamente, seus primeiros medos. Imaginemos esse menino entrando na aura de sua linguagem e, ao mesmo tempo, gravemente, sem seu pai – que foi um poeta de um só livro, se chamava também Antônio e morreu quando seu filho tinha um ano —; um menino privado de seu pai, que entrava também na fúria de uma guerra, uma guerra civil, e assistia então ao amanhecer sangrento de uma longa ditadura – a de Francisco Franco. Aquele menino foi este poeta, Antonio Gamoneda; tinha cinco anos na Espanha de 1936.

Quando se refere ao poema antes citado, inaugural de sua poética, Antonio Gamoneda evoca, no prólogo de sua antologia *Sólo luz*, o seguinte:

> [Esse primeiro poema] tem a ver com uma constante de minha escrita: *a poética da morte*, adquirida, talvez, na tristeza da minha mãe sobre a qual gravitava sem trégua o antecipado desaparecimento de seu único amor (falo de meu pai), e em outra circunstância mais ampla e mais cruelmente histórica: no fato de que eu nasci à consciência em 1936, em um bairro de Léon, no qual eram espetáculo ou informações frequentes (também para os meninos) as retiradas ao amanhecer, a condução aos muros mortais, o sangue, inclusive, nas valetas suburbanas.[84]

Esse momento crucial é a infância da dor que inaugura, como experiência vivida, o imaginário poético de Gamoneda. Borges escreveu que um destino, por longo e complicado que seja, consta na realidade de um só momento: aquele no qual um homem sabe para sempre quem é. Como Gamoneda declarou, de diversas formas, uma obra poética é um modo lateral da autobiografia: assim aquela imagem pontual se encontra, como um tesouro doloroso, no princípio de todos os ritmos, no início de todos os símbolos. Essa infância da dor é a confluência de

84 Antonio Gamoneda, *Sólo luz: Antología poética 1947-1998*. Valladolid: Junta de Castilla y León / Conserjería de Educación y Cultura, 2000, p. 9. Grifo meu.

um corpo menino que alcança, ao mesmo tempo, a certeza da linguagem e a convicção da morte. A tal ponto que em sua juventude o medo não só é uma perspectiva, mas também uma memória. E por isso mesmo inverte drasticamente o princípio e o fim do medo: a familiaridade com a morte, na graça poética, se fixa no tempo de uma desgraça que flui *a partir* do futuro *em direção* ao presente. "Minha poesia é o relato de como avanço em direção à morte", escreve Gamoneda no prólogo de *Sólo luz*.

Esse corpo sofredor – o homem que caminha pelo campo e chora ao escutar as batidas de seu coração, como se percebesse no isocronismo da vida o ritmo que se precipita em direção ao vazio –, esse homem sente em sua língua o sabor da morte. Nessa frase, "o sabor de morto de sua língua", se fala de uma experiência sensorial, sensível e, ao mesmo tempo, de uma experiência linguística, cultural. Nos diz que em sua língua se encontra a sensação gustativa do morto, onde o sentido percebe em sua própria faculdade o sabor de sua própria dissolução. Mas também nos diz que o sentido – já não como faculdade, mas como significado – se une na língua, na própria linguagem, à mortalidade. Nos diz que nesse *degustar* o morto a língua *diz* a morte. Não é casual que o órgão do sabor e da articulação oral, assim como o sistema de comunicação verbal comunitária seja designado com a mesma palavra: *língua*. Gamoneda, que situa a poesia na encruzilhada da oralidade, do corpo e dos símbolos, construiu um mundo imaginário onde esse veículo é sempre evidente.

Anos depois, após um período de silêncio, o poeta nos conta que uma frase o arrebatou. Essa frase repete aquela experiência inicial do sabor da mortalidade na língua. É a primeira de seu livro *Descrição da mentira:* "O óxido pousou na minha língua como o sabor de um desaparecimento".[85] Poderíamos encontrar outras. Por exemplo esta, do *Livro do frio*: "Não morras mais em mim, sal de minha língua".[86] Mas prefiro aquela por sua matriz autobiográfica, para acentuar seu caráter intempestivo,

85 *Esta luz,* op. cit., p. 172.
86 Idem, p. 348.

quase irracional, no seio da consciência, e também porque é, de novo, um acontecimento corporal. Escreve Gamoneda no "Preâmbulo" de sua antologia *Sólo luz*: "Passeava eu pelo bosque de Boñar tão abandonado – eu – pela poesia (...) quando me 'apareceram' umas poucas palavras possuídas por uma causa musical. Foram estas: 'O óxido pousou em minha língua como o sabor de um desaparecimento'".[87] E o poeta repete então uma certeza de sua poesia que havia conhecido já na juventude da dor: a irmandade entre a poesia e a morte, a irmandade cuja agência, cuja realização, é a da linguagem. Explorar essa fatal irrealidade, com esse precário instrumento que se dissolve como orvalho à medida que o utiliza, é o último recurso daquele que vai morrer. Mas o poema não chega a seu fim, que é o silêncio, mas também se situa nesse interstício, nessa ambígua morada do mortal que avança no coração do vivido. Ali mesmo ocorre que a linguagem do poema se torna óxida, sabor de morto ou, também, veneno. Não é casual o interesse de Gamoneda pelo texto do médico e botânico Dioscórides, escrito no século I d.C. e traduzido pelo segoviano Andrés de Laguna no século XVI, *Libro de los venenos*, que transforma em livro ao pegar o Livro Sexto do tratado. A linguagem comunica o corpo com suas metáforas em uma viagem em direção à sua própria dissolução, tal como a substância mortífera anuncia nos humores corporais a paixão e a certeza agônica da mortalidade. Mas uma vez mais a poesia de Gamoneda se situa na deriva da dor antes que no silêncio da finitude. Porque apenas a poesia pode se realizar na suspensão desse hiato aberto na perspectiva da morte: na dor, na agonia e na raiva do corpo morrente que deixa seus emblemas, suas vestes, seus restos. E, também, em seu oculto pulsar, em suas músicas.

Volto à imagem daquele poema inicial. O homem que "escuta seu coração, como golpeia". Esse ritmo corporal e ao mesmo tempo autônomo, como se se encontrasse na aura do orgânico, é o índice de toda a poesia de Gamoneda. Porque talvez exista um modo no qual a linguagem, na perspectiva da morte, inscreva a repetição insistente da vida: no ritmo.

87 *Sólo luz*, op. cit., pp. 11-12.

Na poesia de Gamoneda não só há uma juventude e uma memória da dor, mas há também, de um modo soberano, uma música da dor, talvez como aquela mesma música da qual falava Wordsworth: *the sad music of the humanity* ["a triste música da humanidade"]. O estudo dos ritmos em sua poesia esclareceria todos os problemas genéricos que alguns desses textos provocam: prosa poética? Poesia em prosa? Gêneros híbridos?

É o ritmo, em suas variações, o que estabelece um diário vital do poema de Gamoneda: os ritmos iniciais, mais vinculados à tradição da língua poética da juventude; os ritmos dos *negro spirituals* em *Blues castellano*; os ritmos de pregação laica de *Descripción de la mentira*, os ritmos delimitados em sua própria sentença do *Livro do frio*; inclusive os ritmos a três vozes, como um cânone, no *Libro de los venenos*. E esse ritmo é o modo de sentir o canto no corpo e de sentir, ao mesmo tempo, o corpo como canto.

Na experiência sensorial do ritmo o corpo inscreve sua presença: em sua aparição orgânica, cardíaca, existencial, de todo humana. "Eu sentia os significados", escreve Gamoneda quando se refere aos *negro spirituals*, "não os compreendia. Soube que estava no coração da poesia". E depois: "Tornei a escutar – escutava sempre –, ainda na incompreensão, mas com um conhecimento do *corpo* poemático".[88] Coração do poema. É nestes ritmos que os corpos se irmanam – corpo do homem e corpo do poema – em um sentido único de irrealidade, de finitude e de beleza. E ali radica a compreensão primeira do poema, uma compreensão que ainda não é significado, mas é, sim, sentido captado sensorialmente. Porque talvez o que ouvia de seu coração aquele homem perdido no campo do poema é aquele que encontramos desde o princípio na poesia de Gamoneda, mais de uma vez, no tom crepuscular de seu medo, na cólera certeira de seu humanismo, na consciência pura do poema: uma certa música, a música da dor na linguagem terrestre.

88 *El cuerpo de los símbolos*, op. cit., p. 92.

O QUE TERÁ NO NÃO SER DO SER?

por Juan Gelman

Quando a poesia se situa no limite da linguagem, inventa outra língua feita dos ritmos nos quais imita a voz própria, que é de alguém, vigorosa, e também de todos, comunitária: o que aprendeu o infante na língua materna, o que lhe ditou o bairro de sua pátria natal, o que se escuta nos ecos demorados de outros poetas, o que o estranhamento dos exílios estrangeiriza ali onde se vive, o que as palavras trazem à tona como avatares do desejo. Nem todos os poetas inventam uma língua no interior de sua linguagem; quando isso ocorre, a poesia não só é reconhecível, é também grandiosa. Góngora inventou uma língua, Pound a inventou, e também Pessoa, e há uma língua Vallejo e há uma língua Gelman.

Juan Gelman a iniciou na fala argentina, portenha, no centro do *gotán,*[89] mas distanciada de si até se tornar outra em seus poetas apócrifos, como se também fosse a tradução de vozes distantes: as de John Wendell, Yamanokuchi Ando, Sidney West, entre outras máscaras do dizer, como as de José Galván ou Julio Grecco. Depois, levou esse estranhamento à poesia do exílio como memória, rastro e desgarramento: "Até onde este exílio exterior coincide com outro mais profundo, interior, anterior? Até onde os idiomas estrangeiros, o alheamento de rostos, vozes, modos, maneiras, encarnam os fantasmas que assediaram minha própria juventude?", escreveu no poema VII de *Bajo la lluvia ajena.*[90] O exílio

89 Gotán – tango com sílabas invertidas. Juan Gelman tem um livro cujo título é exatamente este. (N.T.)
90 Datado de 11 de maio de 1980 em Roma, o texto apareceu pela primeira

extremou a língua Gelman, que se torcia em seus ritmos e fundava sua gramática inesperada, obstinada: "Puma verde, não chovas mais. Já não te empumes, já cantas, já comes o livro que arde".[91] Buscou também no sefardi a língua exilar de seus ancestrais judeus, no seu fundo profundo: *dibaxu* (debaixo). A língua Gelman não criava outros mundos neste mundo, como queriam os surrealistas, mas, para retomar um de seus neologismos, mudava o mundo em seu "mundar". E esse ato poético também foi político. A língua Gelman jamais deixou de se expandir e pôs sua palavra nos vazios de ser até o fim, como o fez no seu livro *Hoy*, tão vívido que, como língua poética, era um novo começo que falava nas "respirações do estando".[92]

A retórica e a linguística, os procedimentos estilísticos, a pura assepsia da descrição letrada podem explicar de forma indefinidamente cada verso de Gelman, explicar por que quebra a norma, como se torna expressivo no limite do enunciável, como submete o idioma a se decidir, como vão e vem nos versos as sombras de Vallejo, de Tuñón, de Manzi, de Valente, de San Juan de la Cruz. Mas nada disso alcança o todo necessário para a compreensão de um poema de Gelman, de linhas como estas: "O cosmos treme / como o pássaro perdido / sem álibi".[93] É como se a linguagem que caminha a nosso lado nos obrigasse a olhá-la na cara subitamente, nos olhos, e nos falasse em um idioma estrangeiro que, ainda sem sabê-lo, entenderemos.

Esse verbo brilhou como uma pedra negra, destinado a um tu ausente e presente no filial: tanto em "Carta a la madre" ["Carta à mãe"], que havia morrido, como em "Carta abierta" a Marcelo Ariel, seu filho desaparecido. Leiamos então um só poema, o poema XXV, o último desse livro fundamental de sua poética, *Carta abierta*, para responder

vez em conjunto com um texto de Osvaldo Bayer no volume comum *Exilio* (Buenos Aires: Legasa, 1984, p. 20). Depois, *Bajo la lluvia ajena (Notas al pie de una derrota)* foi incorporado a *Interrupciones II* (Buenos Aires: Libros de Tierra Firme, 1986, pp. 7-44).

91 *Salarios del impío*. Buenos Aires: Libros de Tierra Firme, 1993, p. 12.

92 *Hoy*, Buenos Aires: Seix Barral, 2013, p. 68.

93 *Mundar*, Buenos Aires: Seix Barral, 2007, p. 19.

por que Gelman teve que criar sua *própria* língua *na* língua e designar com ela formas da ausência. Porque das grandes questões que de um modo crescente atravessam a língua Gelman – depois do exílio nos anos oitenta e do desparecimento forçoso de pessoas, mediante uma parábola que chega até seus últimos livros – é aquilo cuja trágica ausência provoca, entretanto, uma ação positiva em seu próprio fechar em si mesma. Em um de seus últimos livros, *De atrasalante*[94] *em sua porfia* (2009), esse aspecto se manifesta em certo motivo central: as pegadas ativas do inexistente, o não dado, o que não é, o que aconteceu e foi esquecido, o não vivido, o ido, o perdido, o frustrado, o que não será. Mas Gelman sempre encarna essa característica na experiência vivida como se o que já *não é* alcançasse um modo particular de existência, cujo fundamento é a poesia. Por exemplo, na morte de sua mãe. E também no desaparecimento de seu filho. Esse fato traumático se formulava assim no último livro de Gelman, *Hoy*: "O que terá no não ser do ser?"[95] Essa pergunta teve em "Carta abierta" uma resposta extraordinária que só pôde se pronunciar na língua Gelman.[96]

A circunstância autobiográfica de "Carta abierta" faz parte da textualidade do poema. O livro está datado em Paris-Roma, janeiro de 1980, e está dedicado "Ao meu filho". A inscrição é uma marca espaço-temporal que os argentinos reconhecem imediatamente: são os anos de ditadura, e o lugar corresponde ao exílio. Vamos pressupor que o vínculo *eu-tu* é uma estrutura que envolve o sujeito imaginário do poema.[97] Mas em

94 Neologismo de Gelman, tendo como base a fala oral. *Atrasalante* é a junção das palavras *atrás* e *adelante*, que significam, respectivamente: atrás e em diante. (N.T.)

95 *Hoy*, op. cit., p. 162.

96 "Carta abierta". In: *Interrupciones, I*, Buenos Aires: Libros de Tierra Firme, 1989.

97 O emprego do *eu* no aparato formal da enunciação como descreve Émile Benveniste, sempre pressupõe o interlocutor: o *tu*. Nenhum dos termos é concebível sem o outro, são complementares. "Não emprego *eu* – escreve Beveniste em "Da subjetividade na linguagem" – a ao me dirigir a alguém, que será em minha alocução um *tu*. É esta condição de diálogo que é constituinte de pessoa, pois implica em reciprocidade, que eu me torne *tu* na alocução

"Carta abierta" encontramos uma tripla marca da relação *eu-tu*. Ao chamar-se *carta* entendemos de imediato que há uma articulação *eu--tu*, na medida em que a carta tem um destinatário. O segundo aspecto corresponde ao fato de que essa relação é filial: a dedicatória também parte do sentido do texto. O sujeito do poema se dirige ao filho, de tal modo que essas figuras do *eu-tu* se encarnam nas pegadas do real: o *eu* se pressupõe sustentado pelo poeta e o *tu*, pelo filho do poeta. Tais figuras têm nome: Juan Gelman e Marcelo Gelman. O terceiro aspecto corresponde ao aparato formal da enunciação (todo *eu* pressupõe um *tu*) e aqui esse caráter formal se acentua, se incrementa pelo próprio caráter da carta e da filiação.

Se imaginarmos um leitor que lê o texto ordenadamente, seguindo a composição do livro, encontrará uma série de vinte e cinco poemas nos quais esse *eu* se dirige a um *você*, mas com uma língua que vive de sua própria torção expressiva. Porque – a diferença de um poema de amor como os de Petrarca ou de Garcilaso ou de Banchs, nos quais o tu amoroso está ausente, ou da "Carta a la madre", do próprio Gelman, no qual o você corresponde a uma morta – neste caso o você alude a um desaparecido e, portanto, a língua deve testemunhar esse escândalo existencial que é o desaparecimento forçoso de pessoas.

O adjetivo *aberta* da carta recoloca esse aspecto em dois planos: a carta é aberta porque é *política*, na medida em que a *polis* constituída por todos seus leitores deve ser testemunha do que é denunciado. Isso está localizado na página final, escrito em letra cursiva, onde se lê, sem maiúsculas, uma espécie de declaração intempestiva que ao mesmo tempo invade e fecha o livro:

> 24 de agosto de 1976
> meu filho marcelo ariel e
> sua mulher claudia, grávida,

---

daquele que por sua vez se designa por *eu*" (*Problemas de lingüística general*, I, México: Siglo XXI, 1991, p. 181).

foram sequestrados em
buenos aires por um
comando militar.
o filho de ambos nasceu
no campo de concentração.
como em dezenas de milhares
de outros casos, a ditadura
militar nunca reconheceu
oficialmente estes
"desaparecidos". falou dos
"ausentes para sempre".
enquanto eu não vir seus cadáveres
ou seus assassinos, nunca os
darei por mortos.

Ele supõe também que a abertura da carta significava que estava dirigida a um você que não se encontrava em seu lugar e que sua ausência não podia ser validada. A "carta aberta" implicava que esse futuro de recuperação e memória estava, justamente, *aberto*.

É sabido que com os anos e sua persistente busca, Gelman recuperou finalmente sua neta María Macarena em 2000, já que a mãe dela, María Claudia García Irureta Goyena também foi sequestrada junto a Marcelo Ariel em 24 de agosto de 1976. O filho de Gelman, de 20 anos, foi levado ao campo clandestino de detenção Automotores Orletti e foi torturado e assassinado entre 4 e 9 de outubro de 1976. Em 14 de outubro de 1989 foram encontrados os restos mortais de Marcelo Ariel, graças ao abnegado trabalho da Equipe Argentina de Antropologia Forense: "Foi assassinado com um tiro na nuca disparado a meio metro de distância. Agora tem sepultura e isto é um fato sumamente importante para um pai órfão de filho, como sou, porque o resgate de seus restos foi o resgate de sua história", escreveu Gelman em "Elogio de la culpa".[98] Por outro lado,

98 "Elogio de la culpa", en *Página / 12*, Buenos Aires, 25 de marzo de 2001.

a parceira de Marcelo, nora de Gelman, continua desaparecida. Tinha dado à luz em Montevidéu, em consequência de uma troca de favores com a ditadura uruguaia, que ficou com duas grávidas. "Os militares uruguaios levaram minha nora, grávida de oito meses e meio, como se ela fosse um objeto, de Buenos Aires a Montevidéu; esperaram o nascimento da menina e, dois meses depois, tiraram-na dela, assassinando María Claudia no Uruguai", disse Gelman. O poeta assistiu a condenação à prisão perpétua dos assassinos de seu filho no julgamento de março de 2011. Em seu último livro, *Hoy*, escrito na Cidade do México entre 2011 e 2012, retornam os vazios do não ser que, outra vez, se encarnam na experiência vivida: "Vazios do presente molestam o passado. Na assembleia das perdas, algum amor alça sua chama com a humildade feliz do que pôde ser".[99]

Em 1980, quando escreve "Carta abierta", nenhum desses fatos havia acontecido. O você é o filho desaparecido e o vínculo *eu-tu* da série está *presente-ausente*. Nesse vínculo o *tu* está em um lugar problemático no que diz respeito à enunciação. Trata-se do você de um filho na relação filial, mas em uma circunstância trágica, horrorosa e também política, na qual esse você está subtraído, pois está desaparecido. A suspensão desse você produz, assim, um devastador efeito de sentido. Tal efeito deve *se dizer*, mas o que então se diz é, precisamente, o *não dito*. Este paradoxo entre o você ausente-presente que é o desaparecido e este dizer o não dito e dizer ao que não está, dizer a partir de um eu quando o vínculo subjetivo básico está quebrado, recoloca poeticamente essa pergunta: Como *nomeia* a língua Gelman *no não ser do ser*?

A língua Gelman devia chegar a uma torção tal que superasse sua construção de sentido para dizer o que não pode ser dito e para sustentar esse *você* presente-ausente do desaparecido. Com que língua nomear o escândalo que representa para a discursividade social o desaparecimento forçoso de pessoas? Porque a língua da sociedade argentina era uma língua culpada que justificava esse mesmo fato e,

99 *Hoy*, op. cit., p. 57.

simultaneamente, havia alterado o vínculo intersubjetivo, a básica relação de olhar frente a frente, fundamento dos laços interpessoais. E ao mesmo tempo o próprio desaparecido não podia ser nomeado, havia perdido sua condição própria de existência. O ditador Videla o havia enunciado de um modo tenebroso, ao coisificar a pessoa: "Está desaparecido, não tem identidade. Não está nem morto, nem vivo, é um desaparecido". Assim estes crimes, à margem do caráter criminal do Estado terrorista, alteravam os fundamentos próprios da discursividade social. O desaparecido perdeu até seu nome: os restos procurados são restos *em busca* de um nome. E a poesia, feita com palavras da tribo, não pode eximir-se deste dizer do não dito. A língua Gelman trabalha aí, e deve forçar a gramática até o extremo do dizível para nomear o indizível. Por isso suas leituras dos místicos espanhóis e dos místicos judeus guardam relação, desde a questão do inexprimível, com este problema do dizível e o indizível.

Poema XXV
rosto é o teu? / O que não vemos? / perto? /
morrendo? / desmorrendo? / para sempre? /
tão para nunca? / desrostas teu diga? /
recaminhas teus mas? / choverá

teu pouco desdizer? / levantadura
de tua veiazinha partida de estourar? /
juntaste você o que levas / envolto? /
Contra a cadelice de viver?

almais? / Belíssimo? / te descansas
do desamor? / amais? / alma que terra
aberta ao sol da justiça? / filhais?
incansável de puro dessofrer?

As duas dimensões da poesia, a sucessiva e a não sucessiva, o desdobrar no tempo através do ritmo e a projeção no espaço onde prevalece o icônico, têm um caráter particular. Ao olhar os poemas de *Carta abierta* observamos textos cheios de perguntas e de barras. Os poemas não afirmam, mas se perguntam e, ao mesmo tempo, perguntam. O discurso é tanto um enigma por resolver como uma pergunta que se faz ao você. E ao mesmo tempo os poemas estão com barras. Eduardo Milán observou: "Há dois traços de estilo em Gelman, depois de *Relaciones*: as perguntas e as barras".[100] Se lemos muitos dos versos dos poemas notamos que seu ritmo, sem barras, corresponde ao verso hendecassílabo e que, então, lido entre barras, altera seu ritmo. Como se o verso castelhano estivesse assim constantemente barrado ou ferido. Como no "Poema XXV" de *Carta abierta*. O que se diz, ainda que poeticamente, está entre barras, entre/dito. A barra está criando aqui um entredito, e o entredito é: "Onde está? Não está. Está ou não está?" O que está entredito é o dito na ditadura, ou o entredito dos totalitarismos. Não se pode dizer; se diz entre barras, como entre grades. Se diz um sentido dentro do sentido, dentro de perguntas que não podem dar respostas. Centra-se na própria interrogação e na pergunta ao outro, que não pode responder ou cujo silêncio é a resposta das perguntas entre barras.

Só de ver o poema notamos que há uma alteração da harmonia na proliferação desses signos. Antes de lê-los, antes de entendê-los, vemos um poema cheio de barras e cheio de perguntas, cheio de limites e cheio de interrogações. Ao ler o ritmo que impõe a barra, as perguntas induzem ao estupor que a harmonia do hendecassílabo escamoteia.

100 E além disso: "As perguntas têm o mesmo valor de uma afirmação como se o verso duvidasse de sua força propositiva. Criar, em termos de invenção de uma linguagem-objeto, é propor. As perguntas põem em xeque também a veracidade do discurso enunciado, instalam no verso o domínio da dúvida. O recurso é não só eficaz poeticamente, mas também politicamente: pode-se criar depois de determinados fatos? As barras, por sua vez, têm uma conotação rítmica: fraturam o verso segundo a conveniência do dizer, não apresentam nenhuma lógica distributiva de sentido". Tratar-se-ia, melhor, de uma *redistribuição* constante do sentido. Eduardo Milán, "Prólogo" de Juan Gelman, *Pesar todo: antología*. México: FCE, 2001, pp. 11-12.

Um rompimento ao qual se vê obrigado. Poucas vezes pode-se notar com maior claridade na poesia o que significa uma política do ritmo.

As primeiras perguntas dizem: "rosto é o teu? / O que não vemos? / perto? / morrendo? / desmorrendo? / para sempre?" A pergunta se refere a um rosto que não está, mas ainda não podemos saber se esse rosto – que ao mesmo tempo é um rosto imaginado, evocado, memorizado – é o rosto do ouro, se é *este* seu rosto. A apelação ao *tu* de "teu" é ambígua porque pode também envolver o leitor. Esse *tu* de teu, esse *você*, é o filho, mas, ao mesmo tempo, é uma apelação a um *tu* coletivo que se situa por vezes como testemunha: os leitores, cada leitor. Daí, então, se passa ao plural na pergunta seguinte "O que não vemos?". Esse *nós* é a comunidade que se torna testemunha e, simultaneamente, estamos dando aval a este não ver com nosso próprio silêncio na leitura. De imediato, esse *nós* nos torna responsáveis por não nos fazermos cúmplices: constatamos na leitura esse pacto tácito do não ver que poderíamos ler também assim: *o que* não vemos? Esse "rosto é o teu?" se refere então à posse de um rosto que, no entanto, não pode se sustentar no real porque não há lugar no qual se manifeste. Por isso se pergunta se esse rosto do desaparecido é o *teu*. Outra vez o ritmo da barra repõe o escândalo do sentido no desaparecimento forçoso de pessoas. Sem a barra o tom se enfraquece e lemos "o rosto que não vemos"; mas, em troca, a barra habilitaria também o *que* interrogativo: "o que não vemos?". Isto é: o que é aquilo que não vemos no que não é? E, ao mesmo tempo, esse rosto que parece distante ou não encontrado não está próximo? Qual é sua condição? E simultaneamente esta série de perguntas implica uma resposta possível: não, *não o vemos*. Ou não o vemos próximo: está longe. Estas perguntas não implicam uma afirmação, mas pelo menos duas respostas possíveis. Implicam então uma indecisão da condição, do lugar, do tempo, do modo, da própria existência daquele ao qual se nomeia e ao que se apela. "rosto é o teu? / O que não vemos? / próximo?". O desaparecido é um escândalo para a própria língua, portanto a língua apenas pode abarcá-lo e só pode nomeá-lo nesta fragilidade da pergunta.

"morrendo? / desmorrendo? / para sempre?". O ato de morrer está sustentado na anterioridade ou na simultaneidade do gerúndio. E ao mesmo tempo se pergunta "morrendo? / desmorrendo?". Aí aparece um dos traços típicos da formação de palavras na língua Gelman: o uso do prefixo *des*-reversivo, não apenas para negar uma ação ou retornar a um estado inicial, mas também para negativar e esvaziar uma condição absoluta: morrer, ser pai, ser filho se transformam em "desmorrer", "despaizar", "desfilhiar-se". Jorge Boccanera fala da possibilidade de reverter o fatal. Patrícia Calabrese, que analisou a articulação *eu-tu* e seus procedimentos na poesia de Gelman, menciona este traço como "a utopia de deter o que já se desdobrou no tempo para regressar ao ponto de partida ou à impossível atitude de 'deixar de' fazer o que se faz".[101] Aqui está em suspenso o morrer: a questão de morrer, como entre barras, também está em questão. E a língua Gelman deve testemunhar aquilo que ainda não foi criado para nomear essa condição existencial aberrante do desaparecido, com os recursos próprios da linguagem. Aqui, através do uso do prefixo de negação para a ação pontual no tempo de morrer: *desmorrer*. Logo, toda vez que o morrer é um morrer para sempre – já que o tempo se absolve com o ato da morte –, deve produzir outra torção e estabelecer, como correlato temporal do desmorrer, *outro* tempo: *para nunca*. E, além disso, produzir um incremento temporal enriquecendo a frase com o advérbio tão: "tanto para nunca?". Essa condição não tem tempo, mas não é o tempo durável do sempre, mas a absolvição do tempo do *nunca*. Essa é a condição do ser do não ser: suspender-se em um desmorrer tão para nunca. O "para sempre" do morrer tem que estar questionado porque a noção mesma da morte em suspenso implica essa pergunta: morte para sempre? A própria língua começa a se desprender e a se fragmentar e a se recombinar para pro-

101 Ver Patricia Hebe Calabrese, "Juan Gelman: poesía y diálogo", Tese de Mestrado em Análise do Discurso. Faculdade de Filosofía e Letras da Universidade de Buenos Aires, 2005, p. 103. Manuscrito. Ver também Jorge Boccanera, *Confiar en el misterio. Viaje por la poesía de Gelman*. Buenos Aires: Editorial Sudamericana, 1994.

duzir enunciados não gramaticais e, desse modo, formar outra língua suplementar que deve nomear o não dito, o inominável, o ser do não ser.

"desrostas teu diga?" é uma das invenções mais arriscadas. A ação do tu é desrostar, deixar de ser portanto rosto, mas, além disso, essa ação é transitiva: desrosta seu *diga*. Esse *diga* é, no entanto, um verbo conjugado em um tempo verbal, no presente do subjuntivo, que é o tempo da irrealidade: ele diga. Que ele diga. Mas o que pode dizer ele? E como pode dizer se, além do mais, não tem rosto para dizer, não tem língua, o rosto – que é o dar-se evidente da identidade – se encontra desrostado? "desrostas teu diga?". Esse dizer tem face? Este desaparecer que é um desmorrer-se está usurpando o rosto de sua fala que, ao mesmo tempo, está formulado em um tempo de irrealidade? Um dizer que ao mesmo tempo não tem um sujeito, toda vez que o sujeito está *desrostado*.

A outra ação "recaminhas teus mas?" outra vez repete um verbo transitivo que se incrementa: recaminhar que também pode soar como "reencaminhar". Alude a uma retificação, mas na realidade está falando de um deslocamento aumentado ou duplicado: re-caminhar. O objeto deste recaminhar são os mas. A conjunção adversativa que se utiliza para contrapor um conceito a outro anterior. Um exemplo da política argentina que também tem uma gramática peculiar, observa: "rouba, *mas* faz". Recaminhar os "mas" implica que o ato absoluto deve se contrapor à perda de pontualidade no tempo. E ao mesmo tempo "desrostar seu diga" supõe também um modo de desdizer em uma terceira ação: se o desdizer *chove*, esse pouco desdizer, esse desdizer que não é charlatão, significa que se torna natureza? Significa que se torna chuva? Ou que a chuva é uma metáfora da multiplicação, como se o desdizer vigorasse *como* uma chuva? Mediante essas três ações possíveis do desaparecido cuja realização se pergunta – "desrostas teu diga? / recaminhas teus mas? / choverá teu pouco desdizer?" – o morrer desmorrendo se torna *durativo*. O morrer, de certo modo, se vai *vivendo* e não há vida que não requeira um corpo. A morte dissolve o corpo, mas o desmorrer requer um corpo, uma corporalidade em ato, mas profundamente metamorfoseada: se teve derramamento de sangue com a veiazinha partida, então esse corpo suspenso no desmorrer reverte outra vez e produz a *levantadura da veiazinha partida* que está, de novo, a ponto de estalar, a ponto de sangrar outra vez.

Mas o desaparecido é também um corpo que não está, que não se vê. "Enquanto eu não vir seus cadáveres, nunca os darei por mortos", dizia Gelman. A constatação é material, é corporal. De modo que esse corpo realiza outra ação: talvez tenha juntado o que leva envolto, talvez agora sustente isso que o envolve e o faz contra a vida de cão em sua condição mais eminente: "a cadelice de viver". Há algo que o outro fez: esse você está fazendo algo que o eu não faz. Não está detido: faz algo que o eu não pode fazer, e então o você se torna ativo e o eu, passivo. Isto é, se inverte a hierarquia do *eu* e o *tu* do aparato formal da enunciação. O você junta o que leva envolto, não o eu. E talvez isso, que é um ato supremo do desmorrer, pode ser uma proteção ou um talismã que produz desaparecimento: *contra* a cadelice de viver. Contra a vida de cão e contra a vida dura. O você faz, e o que faz pode ser belíssimo.

Após a estrofe da corporalidade, a da alma. E a alma também supõe uma ação: "almais?". Não só é uma ação, também é um outro incremento que favorece o uso do vós. *Almais* é o ser *mais* da alma, almais é tornar-se *todo almático*. E esse almais se transforma, com a subtração do "l", em um "amais?". Parafraseando Macedonio Fernández, o desaparecimento também é um *almismo*.[102]

As ações reversivas se multiplicam: o vós descansa do desamor e ao mesmo tempo da alma e ama. E na terra se abre o sol da justiça. Mas aqui *terra* é menos um substantivo que uma ação verbal: *terrar*. Como se fosse o antônimo de "enterrar". O desaparecido não se enterra, o desaparecido é *alma que terra aberta*, isto é, alma aberta que terra e se ilumina ao sol da justiça. Não só ao sol da justiça consuetudinária, ao sol da jurisprudência que deve julgar aos assassinos, mas também ao

102 No poema CLII de *Hoy*, se lê: "Que fará no não ser do ser? Um álamo que se alma?", op. cit., p. 162.

crime que, como assumia Juan L. Ortiz, violenta a harmonia do cosmos. Assim o filho retorna à intimidade absoluta com o pai que sofre com seu desaparecimento através de sua pura ação de *filhar*: o filho *filha*. E ao fazê-lo, então, não pode ser lamentado, porque sua ação é o contrário de uma elegia. O poeta não é, como no poema "Elegia", de Miguel Hernández, aquele que diz sobre o amigo morto: "Quero minar a terra até encontrar-te / e beijar-te a nobre caveira / e desamordaçar-te e regressar-te".[103] É o filho o que se desamordaça e regressa, é o filho aquele que atua incansável no puro dessofrer: "filhais?? / incansável de puro dessofrer?". Essa gigantesca inversão implica que o eu sofre enquanto o filho, incansável, *dessofre*.

Gelman transforma uma passividade em atividade: não escreve em sua língua uma elegia, mas sim um ato de suprema vontade de desmorrer, o fazer-se ser do não ser: o autoengendramento do não ser como vida e poesia.

103 Miguel Hernández, *El rayo que no cesa*. Buenos Aires: Losada, 1976, p. 50.

FALAR ATÉ A MORTE

por Enrique Lihn

O homem está morrendo. Seu corpo material entrou na ordem branca dos hospitais. E, ao mesmo tempo, esse corpo amado e vilipendiado, centro do esquecimento e do júbilo, cinza das horas e lacuna do futuro, se tornou objeto do olhar médico. Como uma cartografia da dor, o corpo começa a mostrar seus espaços alterados, aquilo que cresceu em uma lenta proliferação sem número, a escuridão que desenha os sinais seguros do mal.

O homem está morrendo. Diria que seu corpo, entre o branco da assepsia e os reflexos fugazes dos metais, mostra os signos negros delineados pela enfermidade, enigmática: os signos que esperam ser lidos. O tecido se torna texto: a enfermidade dá indícios nos signos, mas está oculta e deve ser revelada, traduzida, interpretada. Avança entre dois extremos, entre dois polos que não podem não ser temporais. O primeiro é a vida, como um fundo móvel que só se pensa na plenitude e até na ignorância da plenitude. O segundo é a morte, da qual a enfermidade é o signo percursor, como um índice que desde o objeto designado aponta ao vazio. No momento da enfermidade mortal, esta tríade – vida, enfermidade e morte – altera a distraída relação com o tempo. Revela, com ferocidade, que o tempo presente é uma ilusão. No passado está a vida, a vida que se decompõe e se altera na patologia; no futuro está a morte, ao que supõe que, na verdade, esse futuro não existe: é "a vida com sua duração real – escreveu Michel Foucault –, a enfermidade como possibilidade de desvio encontrando sua origem no ponto profundamente oculto da morte; ela dirige, a partir de baixo, sua existência".[104] O

104 Michel Foucault, *El nacimiento de la clínica*. México: Fondo de Cultura Económica, 1966, p. 224.

sentido oculto desse signo escrito no corpo, esse signo que é o mesmo corpo doente, é a morte: a doença começa a dissolver o vínculo com o real, alterando a duração, o tempo da presença no mundo.

O homem está morrendo: se vê suspenso entre o passado que começa a ceder – porque no passado está a vida – e o futuro que começa a perder – porque o futuro não tem lugar. E então, dono do medo, com uma ironia um pouco obscena que mal o defende da piedade, o homem escreve um diário no qual registra a ocupação da morte no próprio seio da vida, de *sua própria vida*. Na verdade, não é um diário no sentido mais estrito da palavra, mas uma série de poemas. Porque o homem que está morrendo é poeta. Cada poema é um dia, umas horas, a moldura da experiência. É também uma interrogação, ou uma maldição: o recurso desesperado de um sujeito que, em seu enunciado, naufraga. Ao escrever um diário de morte, o poeta leva a subjetividade a sua tensão máxima, a seu limite irreal: a morte volta ao autor, progressivamente, o fantasma de um homem, enquanto a poesia transforma o eu no fantasma de um nome. Tudo se esvazia de si: o sujeito do poema, nessa experiência de esvaziamento, revela seu verdadeiro estado fantasmagórico, quase neutro. E a escrita e a linguagem revelam, também, sua condição de simulacros. Logo, quando a morte é decifrada nesses traços negros sob o tecido doente, a negatividade se apodera dos signos. A linguagem é um vírus, dizia William Burroughs: a linguagem é um câncer. Frente à morte, a linguagem revela sua essencial natureza fictícia. Escreve seu diário de morte e também a morte escreve nela seu diário. Como não podia deixar de ser, o poeta não termina seu livro em vida: a morte o encerra. É um livro póstumo: *Diario de muerte*. O homem que o escreveu é, agora, um morto: seu nome foi Enrique Lihn, poeta chileno.

Diario de muerte é o livro final de Enrique Lihn, mas o autor não lhe deu uma versão definitiva.[105] Os textos foram reunidos e transcritos

105 Enrique Lihn, *Diario de muerte*. Santiago do Chile: Editora Universitária, 1989. Cito os poemas dessa edição, indicando entre parênteses o número da página. Sobre este livro pode ser consultado: Tamara Kamenszain, "La lírica terminal", en Juan Orbe (Comp.), *Autobiografía y escritura*, Buenos Aires,

por Pedro Lastra e Adriana Valdés. Como se aponta na nota explicativa, Lihn reuniu os poemas em um caderno, onde o título estava escrito na primeira página. O livro teria sido escrito entre a última semana de abril e a primeira de junho de 1988. Enrique Lihn morreu em Santiago do Chile, em 10 de julho desse ano. Muitos dos poemas não tinham título. Há um testemunho minucioso e comovedor desses dias de escrita em um texto de Adriana Valdés. Neste, conta que Lihn "queria obsessivamente escrever". O próprio caderno registrou o avanço da doença. Esse caderno, com uma clara ordem inicial, ia se desmontando dia a dia, até preservar só esboços, rascunhos, fragmentos; a letra, clara no começo, descambou em linhas sem forma legível, escritas com um lápis que deslizava e caía. Pediu então que amarrassem o lápis em seu pulso. E se não podia escrever, ditava, mas o cansaço o impedia de ir além de dois ou três versos inconclusos. Escreve Valdés:

> Em *Diario de muerte* acontece, como em outros ensaios dele, uma relação ambígua e dolorosa com a própria poesia. Ainda que "tua poesia, em suma, é a morte / o sonho da letra onde todo o incômodo tem seu lugar / a prisão de teu ser que te privava de outro nome do amor escrito silenciosamente no muro", é a poesia o que ele quer estar fazendo até o último dia de sua vida, como simboliza esse lápis amarrado em seu punho, que só pudemos desamarrar quando já havia perdido quase toda a consciência.[106]

O extraordinário não está no fato deste ser seu último livro, mas no fato de que seu objeto seja o próprio processo de morrer: sua escrita se desenvolve junto ao ato mesmo da morte a minar o corpo enfermo. Lihn registra a partir do poema esse lento trabalho do nada, porque

---

Corregidor, 1994, pp. 31-34. Depois compilado em: *La edad de la poesía*, Rosario, Beatriz Viterbo, 1996 e com o título "Enrique Lihn en el diario de muerte", en *Historias de amor (y otros ensayos sobre poesía)*, Buenos Aires, Paidós, 2000.

106 Adriana Valdés, *Enrique Lihn: vistas parciales*. Santiago de Chile: Palinodia, 2008, pp. 148-49.

não há outro espaço que não seja o do poema para referir o teatro da irrealidade, o vazio insubstancial do cenário e o negro decorado da ausência. *Diario de muerte* não é só o comovedor e às vezes indignado relato de um homem que está morrendo. É, também, a colocação em cena da irrealidade central do sujeito lírico e a plena impossibilidade de recuperar a experiência vivida, ainda que o texto simule ser a experiência de um sujeito real. Lihn vem para nos dizer, à custa de sua própria vida, que a escrita e a morte são parentes. E que a agência desse parentesco é a linguagem. Mas que precisamente no instante em que a morte toca a linguagem, esta já não pode nomeá-la. Tudo aquilo que a linguagem alude em seu roçar com a morte é seu próprio vazio: não há designação. Nessa encruzilhada o discurso sobre a morte revela sua falsidade. Lemos:

> Que outra coisa se pode dizer da morte
> Que seja a partir dela, não sobre ela
> É uma coisa surda, muda e cega
> A antropomorfizamos no temor de que não seja um sujeito
> Mas a terceira pessoa, não pessoa, "ele" ou "ela" (p. 65)

Há, tanto a partir do olhar clínico como a partir do registro do paciente, uma relação com a linguagem que permite chegar a um ponto extremo que a linguagem, finalmente, não poderá designar. A enfermidade como linguagem que deve ser interpretada e a escrita de seu progresso têm, em um ponto, um código comum: a vida. É com fundo de vida que tem lugar o desvio, a patologia, a negrura do vazio que avança. O tecido corporal como texto e o texto como correlato do corpo enfermo formam a dupla cena da escrita da morte. De algum modo, a doença é o signo, o tecido é o texto, a vida é o código. Mas a morte é a mensagem, só decifrável a partir do código da vida.

De imediato nos perguntamos: qual é o sujeito dessa enunciação? Qual é a verdadeira dimensão temporal dessa enunciação? E lemos:

A cidade do eu deveria se paralisar
Quando entra nesta a morte
Toda sua atividade é nada ante o nada
Queiram ou não os agitados viajantes
Que inutilmente seguem
Entrando e saindo da cidade
Sob a mão agora
Que converte em sombras tudo o que toca
A mera inércia, no entanto, desperta
No governador uma desajuizada esperança
Ante a morte resiste a capitular
Ainda que tocado por ela é uma sombra
Mas uma sombra de algo, aferrada
À imitação da vida (p. 43)

Ao escrever um diário da morte, o sujeito que naufraga se aferra a uma forma possível de referência. De referência de si: ele mesmo é seu objeto. Aquele que quer ser fixado na enunciação enquanto a sombra sitia o eu. No diário, como assegura Lotman, um mesmo indivíduo é, em primeira instância, o remetente e o destinatário de uma mensagem. A informação se transmite no tempo e serve "como meio de auto-organização da pessoa".[107] Isto é, em um diário um sujeito presente escreve, em aberta progressão, um sujeito futuro. E, ao mesmo tempo, esse sujeito futuro se vê constantemente modificado pelo sujeito do passado que hoje escreve. De novo nos vemos enfrentados por duas questões: a subjetividade e a dimensão temporal na linguagem. Um diário de morte subverte esse sentido. Não o subverte provavelmente na recepção, já que o destino de todo diário é ser, ao fim, o diário de um morto. Sabendo desse paradoxo, Chateaubriand, que ia chamar sua autobiografia de *Memorias de mi vida*, acabou por chamá-la de *Memorias de ultratumba* [Memórias de além-túmulo]. A subversão se produz nessa primeira

107 Yuri M. Lotman, *Estructura del texto artístico*. Madrid: Istmo, 1978, p. 19.

instância apontada por Lotman, no momento de auto-organização da pessoa. Que tipo de subjetividade se define quando o sujeito futuro deixa de existir e se é, no silêncio dos moribundos, um último homem? Outra vez, a linguagem revela sua falsidade.

> Ninguém escreve a partir de mais além
> As memórias de além-túmulo são apócrifas
> Na casa da morte só se encontram agonizantes
> / leitores
>
> alguns vivos que bisbilhotam ali, mas não mortos.
> Ainda que o livro tibetano dos mortos diga que se dirige a
> /eles
>
> não há leitores no mais além, mortos que não guardem as
> / formas e a gravidade
> da noite
>
> Só se recordam aparições
> fantasmas, ou melhor, fantasias, enfermidades da memória
> Esses senhores, no lugar de falar, respondem ao desespero
> de perguntas mediúnicas sem interesse.
> Pior ainda, suspendem mesas de três pernas para provar que
> / existem
>
> Como invisíveis peões
> baixam um piano do quinto ao quarto andar
>
> Quero saber o que são os mortos, se são
> Não o que fazem nem o que dizem de outros
> não as provas de sua existência, se existem.
> (p. 63)

Ao decidir escrever um diário de morte, o homem quer conhecer intimamente aquilo que o esvazia de seu eu. E para isso o único meio a seu alcance é a linguagem, e a única forma possível desse diário é a poesia lírica, porque nela a subjetividade alcança seu apogeu e também sua queda. O pronome *eu* constitui a pessoa no discurso, toda a pessoa enquanto fala. Por conseguinte, é a experiência central na qual se determina a própria possibilidade do discurso. Esse pronome pessoal recebe sua substância do próprio ato discursivo, isto é, é uma forma vazia. Igualmente, o tempo linguístico tem seu centro no *presente* da instância da palavra. Nesse fundamento, coexistente com o momento em que se enuncia *eu*, se estabelecem as oposições temporais: quando o acontecimento não é contemporâneo do discurso, deve ser evocado pela memória; quando não está presente, surge como prospecção futura.[108] No *Diario de muerte* todas as relações de sentido se alteram quando a sombra ingressa na enunciação.

Nota-se então que o *Diario* é a forma temporal na qual o sujeito quer alcançar um presente possível e, neste ato, se recuperar como sujeito. Memoriza, anota a memória da espécie como recurso desesperado para se fixar na vida. Ou bem ensaia escarpar-se do tempo no instante eterno do sexo:

> O sujeito incurável se ensaia
> no coito distrativo
> a turbulência em um teatro de sombras
> O macaco que foi baixa da árvore que foi
> e se precipita sobre sua sombra
>
> Sou o portador do coração dos macacos. (p. 76)

108 Ver Emile Benveniste, *Problemas de linguística general,* II. México: Siglo XXI, 1987, pp. 70-81.

Tristemente, volta a si, não sai de si, de seu espelho de azougue negro. Busca sinais em seu próprio corpo: "Um enfermo em estado grave se masturba / para dar sinais de vida" (p. 67).

A morte desabita a enunciação: a instância discursiva, neste ato que diz *eu*, se torna anônima, sem nome. Lihn sugere, terrivelmente, que a morte reside já nesse ponto natural do humano, na própria instância do ato que diz *eu*, porque a morte é seu horizonte definitivo. A linguagem é inútil para a vida, para viver:

> Cavalheiros inflados de ego
> descem à casa do gravemente enfermo
> Como ele é um deles
> Eles falam sem parar desgaseificando-se
> e ele fala até a morte.
>
> A vida necessita muito pouco da linguagem
> esta é uma das causas mais poderosas do Ego
> da morte (p. 21)

É uma poderosa inversão, Lihn desacredita a linguagem a partir da experiência de morte. Ou, melhor dizendo, a aponta em sua verdadeira natureza de ausência, de rastro, de vacância. Como comunicar isto mesmo, então? Como alcançar, com tudo, um ato de discurso, um ato que se aproxime, ao menos por imitação, da verdade? "Não há nomes na zona muda" escreve Lihn. E, nesse ponto, a poesia postula a utopia de uma linguagem verdadeira, feita com sua própria neutralidade, com sua própria impossibilidade. A poesia se desvela como uma dicção do impossível, tanto a partir do desaparecimento do eu como a partir do ato discursivo do presente e da dimensão temporal. Na simulação imaginária, a poesia alude *ao outro da vida*, consciente de que a morte é seu fundamento:

Quero morrer (de tal ou qual maneira) esse é já um verbo
/ em decomposição
e absurdo, e que vai, direi algo, mas racional
mente, evidentemente fora da linguagem nessa
zona muda onde uns nomes que não chegam a ser
quando já alguém, que alívio, está morto, esquecido oxalá
/ previamente de si
mesmo
essa coisa morta que existe na linguagem e que é
seu pressuposto
invoco na consulta ao Deus
da não mesmidade, mas sabendo que se trata
de outra ficção mais
sobre a união do Oriente e Ocidente
De parágrafos, comentários e prólogos
Um morto ao qual restam alguns meses de vida teria
/ que aprender
para se doer, se desesperar e morrer, uma linguagem limpa
Que só fosse acessível para além das matemáticas
/ a especialistas
de uma ciência impossível e igualmente válida
(p. 14)

E, no entanto, o homem que está morrendo escreveu, escreve, *está escrevendo*. Com esta matéria precária, viciada de humores malignos, de excrescência e natural podridão, há ao menos uma modesta experiência de liberdade. "O que fala não tem, por obra da fala, relação com o ser nem, por conseguinte, com o presente do ser – escreveu Maurice Blanchot: em consequência, não falava".[109] É certo, mas nisto consiste a brincadeira. Porque *Diario de muerte* é como uma gigantesca piada de um mímico. Trata-se disso: fazer a mímica, como um cômico da lín-

109 Maurice Blanchot, *El paso (no) más allá*. Barcelona: Paidós, 1994, p. 119.

gua no cenário negro, de uma história que não existe; de alguém que nasce; de uns amores que se vão e regressam; de um corpo que se vai morrendo na tarde raivosa de um inverno no sul da América.

O CORPO COMO PROFECIA

por Héctor Viel Temperley

Levada ao final de uma agonia da qual o poema resulta ao mesmo tempo cenotáfio e testemunho, toda a obra de Héctor Viel Temperley parece confluir nesse livro culminante e único da poesia argentina que é *Hospital Británico*, no qual resplandece obscuramente uma "lírica terminal" – para usar a aguda definição de Tamara Kamenszain.[110] Não significa menosprezar suas obras anteriores, e sim ler este livro final como uma singularidade que aqueles textos prefiguravam. Isto pode parecer um traço comum de muitas obras verdadeiramente grandes na história da literatura: a obra entendida como *culminação*, cuja leitura parece estática, mas de fato dinamiza o conjunto de textos prévios, ao modo de um *work in progress* em direção à dita obra que, finalmente, se manifesta com uma certa ideia de perfeição – menos por seu caráter fechado do que por sua abertura a uma constante semiose interpretativa. Sem dúvida alguns ensaios de Marcel Proust em *Os prazeres e os dias*, o livro *Jean Santeuil* ou ainda o brevíssimo relato *O indiferente*, prefiguravam sua monumental obra *Em busca do tempo perdido*. Inversamente, textos posteriores a essa culminação muitas vezes são lidos como repetições previsíveis de uma eficácia. *Octaedro*, de Cortázar, ou *O livro de areia*, de Borges, ainda que contem com textos inesquecíveis, às vezes parecem reiterar, como uma retórica aprendida, os grandes contos anteriores. Também

110 Ver a seção IV, "La lírica terminal", con ensaios sobre Lihn, Perlongher, Viel Temperley e Lezama Lima em Tamara Kamenszain, *Historias de amor (y otros ensayos sobre poesía)*. Buenos Aires: Paidós, 2000, pp. 145-167.

pode ocorrer a obra imprevisível, inesperada. *Residência na terra* foi uma irrupção, que estava muito longe dos poemas prévios de Pablo Neruda. Enfim, *Hospital Británico*, ilustraria sem dúvida o primeiro caso, uma obra culminante e, de certo modo, também o último, um texto imprevisível. Mas gera um aspecto muito particular: trata-se do livro de uma agonia, e também de uma espécie de memória do corpo do autor em transe de morte. Dito aspecto o torna especial e de imediato anima certas perguntas: de que modo *Hospital Británico* não conta, para fundamentar sua própria singularidade, com a morte efetiva do autor? Não obtém toda sua força desse fato documentado, incontestável, que o poema anuncia e que o autor cumpre? Ou, pelo contrário, será que atesta um paradoxo: não a morte do autor – isto é, a irrelevância da biografia para ler o sujeito imaginário do poema –, mas sim a ideia de que todo o texto é, a longo prazo, um testamento, de que *todo autor é um morto*?

A primeira edição de *Hospital Británico* (Buenos Aires, PAR-AVI-CYGNO,1986) era um volume de quarenta páginas, de 18cm por 26cm, e tinha na capa a foto em cores diluídas, como um velho postal, de uma pequena vila muçulmana sobre a costa do oceano Índico. A contracapa pertence a Enrique Molina. Esse tamanho favorece a leitura dos fragmentos na particular estrutura do livro. É composto por dois poemas. O primeiro ocupa uma página, e sob o título "Hospital Británico" há um subtítulo que marca uma data, como em um diário pessoal: "Mês de março de 1986". Esse breve poema recria uma experiência concreta que pode se resumir assim: um homem doente jaz trepanado no Hospital Britânico. Sua mãe não suporta e morre quatro dias depois. O homem sai com sua mulher para dar um passeio pelo jardim. Voam umas borboletas, os eucaliptos balançam ao longe, esplende o ar. Algo, no dia trivial, o torna inaudito: o homem sente uma sensação de amor tão intensa que parece arrancá-lo do mundo. "Sim – conta Viel Temperley –, a sensação de estar rodeado pelo céu, e de que esse céu me tocara como carne, e que podia ser o sangue de Cristo e que ao mesmo tempo tinha Cristo dentro".[111] Decide escrever o poema desse fato. Depois da epígrafe – "*Mi madre es la risa, la libertad, el verano*" ["Minha mãe é o riso, a liberdade, o verão"] –, começa assim:

Hospital Britânico
Mês de março de 1986

Pavilhão Rosetto, longa esquina de verão, armadura de borbo-
letas: minha
mãe veio ao céu para me visitar.

Tenho a cabeça enfaixada. Permaneço no peito da Luz horas e
horas. Sou feliz. Me tiraram do mundo.

Minha mãe é o riso, a liberdade, o verão.

A vinte quadras daqui jaz morrendo.

Aqui beija minha paz, vê seu filho mudado, se prepara – em Teu
choro – para
começar tudo de novo.[112]

111 Sergio Bizzio, "Entrevista a Viel Temperley: estado de comunión", *Vuelta Sudamericana*, 12, Buenos Aires, julio de 1987.
112 Todas as citações dos poemas correspondem a: *Obra completa*. Buenos Aires: Ediciones del Dock, 2004. Indico o nome do poema e o livro ao qual pertence. No texto da contracapa da primeira edição (recuperado como prólogo a *Hospital Británico* na *Obra completa*, pp. 367-368), Enrique Molina escreve: "Onde está o pavilhão Rosetto? No céu ou no inferno? Em Buenos Aires ou no delírio? Por um instante é o céu, *uma longa esquina de verão, uma armadura de mariposas* impenetráveis ao temporal, onde a tenuidade e a delicadeza das mariposas adquirem a tempérie do aço. Uma espécie de céu pessoal que essa armadura defende e no qual o recluso está instalado com seus afetos e sua dor. Mas justamente é a enfermidade – *Tenho a cabeça enfaixada* – o que o instala no paraíso, *Me tiraram do mundo*, e o que abre a possibilidade do milagre: *Minha mãe veio ao céu para me visitar*. Assim também a realidade da morte, *A vinte quadras daqui jaz morrendo*, se transfigura, se converte em uma glória espiritual:

O segundo poema começa do mesmo modo, com o mesmo título, mas tem um subtítulo entre parênteses ("Versión com esquirlas e 'Christus Pantokrator'") ["Versão com estilhaços e 'Christus Pantokrator'"]. Depois desse começo, parte de seus versos trabalham como subtítulos recorrentes que reúnem fragmentos fechados: "Hospital Británico", "Pabellón Rosetto" ["Pavilhão Rosetto"], "Christus Pantokrator", "Larga esquina de verano" ["Longa esquina de verão"], "Tu Rostro" ["Teu Rosto"], "Tu Cuerpo y Tu Padre" ["Teu Corpo e Teu Pai"], "Tengo la cabeza vendada" ["Tenho a cabeça enfaixada"], "Me han sacado del mundo" ["Me tiraram do mundo"], "La libertad, el verano" ["A liberdade, o verão"], "Yace muriéndose" ["Jaz morrendo"], "Dormido sobre sus labios" ["Adormecido sobre seus lábios"], "Para comenzar todo de nuevo" ["Para começar tudo de novo"]. As datas desses fragmentos remetem a poemas que se encontram em livros anteriores de Viel Temperley, porque são reproduzidos como citações. A referência temporal é decrescente: 1982, 1978, 1976, 1969; "Crawl", "Legión Extranjera" ["Legião Estrangeira"], "Carta de marear" ["Carta náutica"], "*Humanae Vitae Mia*". Tanto a repetição dos títulos onde há uma recorrência dos versos do primeiro poema, como o fato de que se inicie a série com o título do livro *Hospital Británico* e finalize com o título "Para comenzar todo de nuevo", supõe já um modelo estrutural cíclico no texto. Isso se reforça com a intercalação de fragmentos inéditos, escritos durante a composição do livro, e que se mesclam com o resto dos textos tomados dos livros anteriores. Todos esses fragmentos compõem os "estilhaços". O termo é irônico e ao mesmo tempo documental: os estilhaços são os fragmentos do osso craniano, que se produz com a trepanação. As metáforas referentes à cabeça perfurada – por exemplo, "o sol, na minha cabeça, como todo o sangue de Cristo sobre uma parede de anestesia total", ou "o Sol como a branca velocidade de Deus em minha

Sou feliz. Para o recluso no pavilhão do Inferno Rosetto, é também a paz, mas uma paz alcançada pela consciência trágica da condição humana agora recostada no *peito da Luz*, e na graça da fé, que muda todos os seus valores, em uma espécie de epifania que anuncia a verdade, na que tudo começará de novo, mais além da miséria e do drama confuso da existência".

cabeça" – falam sobre a imagem desse "buraco no crânio" pelo qual o sujeito sai de si, em êxtase, ou melhor, é inundado, possuído, pela presença divina. Em Viel Temperley a metafísica costuma ser física, corporal: erótica, atlética, agônica. Os estilhaços seriam os fragmentos de sentido referentes a este processo.

Sobre a composição do livro, unida à enfermidade corporal e a um forte sentimento de irrealidade da pessoa do autor, Viel Temperley declarou:

> *Hospital Británico* é um livro de um trepanado. Aquele que escreveu esse poema não existe mais. Eu, naquele então (não sabia que ia receber radioterapia) saí voando com a cabeça aberta; ia escrever. Me ocorreu aquela solução dos estilhaços, ordenei, escrevi o que fala da morte de mamãe... E o resto no estado de um homem que havia saído da realidade porque tinha um buraco na cabeça. Depois sim, depois têm que ministrar a radioterapia em mim. Quem diabos armou tudo isso? Não tenho ideia.[113]

Esse longo poema é, ao mesmo tempo, uma despedida e um reencontro com a figura materna; o registro da enfermidade e o devaneio da recordação pessoal; o testemunho vivo da Salvação e a vigília da poesia em um espaço sagrado que é, também, mortal. É tanto o livro de uma agonia e a voz lírica de um morto, como um poema de ressurreição no *logos* cristão. A voz que agoniza reconstrói sua lembrança para que a outra voz da transcendência o possua e o nomeie. A combinação de elementos heterogêneos é típica da composição, mas sobretudo há dois que circunscrevem o eu e aludem ao autor, temporalizado na série das lembranças: o *corpo* – o corpo enfermo de dor, mas também o corpo sensorial da vida, das intermitências amorosas, do êxtase – e o *espírito* – que se manifesta tanto em uma espiritualização do corpóreo como em uma divinização do corpo. Corpo e Deus se unem e ambos produzem

113 Sergio Bizzio, op. cit.

a forma estilhaçada do poema, como uma tensionada constelação.

Em *Hospital Británico* a escrita vai até seu limite: aponta com minúcia as derivas imaginárias da própria morte. Sua estrutura é como a de um prelúdio e uma fuga que manifesta a temporalidade do sujeito autoral. Esses fragmentos entrelaçam o passado ao presente do enfermo e, ao mesmo tempo, jogam-no ao tempo sem tempo da Salvação. O poema é como esse corpo retirado do mundo, que em seu naufrágio reencontra a origem: não só encontrará o *Corpus Christi*, mas também, como um arquétipo, o corpo definitivo e bondoso da Mãe. Matriz sêmica: "Cristo é Cristo mãe, e n'Ele vem minha mãe para me visitar".

Nessa passagem o autor se aniquila em morto que fala e, ao mesmo tempo, se restitui em organismo espiritualizado no próprio corpo do Senhor. "O Reino dos Céus me rodeia. O reino dos Céus é o Corpo de Cristo – e cada meio-dia toco a Cristo". Esse corpo divino é o substituto de todas as metáforas, o eixo de todo deslocamento semântico, como uma cadeia onde o eu sumisse em uma comparação que o contivesse e superasse.

> Teu Rosto como sombra verde e negra que desce, a galope, a cada tarde, de um pampa a dois mil metros acima do nível do mar; Teu Rosto como córregos de violetas caindo lentamente de galos de briga; Teu Rosto como córregos de violetas que empapam de vitrais um hospital sobre um barranco.

O pensamento teológico é, também, pensamento gramatical: do pronome *eu* ao *Deus*, que é aurora do nome. Ali onde o eu do autor comparece agonizado, onde um morto antecipa sua dissolução, o Corpo de Christus Pantokrator toma seu lugar enunciativo, e abre em *Ele* a claridade sem fim do Logos: "Sou o lugar onde o Senhor estira a Luz que Ele é". Tudo aquilo que o sujeito oferece é sua paixão, sua própria morte e, também, a ilusão do que foi sua própria vida. E nisso sempre se transforma em um logos universal. Consequentemente, a voz do poeta, como memória de um corpo que está projetado em direção à sua morte, é e não é: o eu da experiência se subtrai, a morte alça seu teatro, todas as imagens estão penetradas de vacuidade, o sujeito fica estupefato. Mas neste subtrair-se tem lugar a Luz transcendental do Sentido. O poema de Viel Temperley diz, ao mesmo tempo: *eu estou morto* e também *Eu sou o Renascido.*

Até aqui o duplo caráter de Corpo e Divindade que oferece *Hospital Británico*, certificado pela constatada agonia do autor. De certa forma o ato do corpo moribundo confirmou, com sua experiência, a imagem corporal do sujeito imaginário, como se fosse sua garantia. O paradoxo de *Hospital Britânico* reside em que, no maior grau de representação desse corpo que morre para se transfigurar, coincide, como reverso imaginário, com a agonia e morte efetivas de um corpo real, que sustenta juridicamente o nome de autor. É como dizer: toda aquela agonia da qual padece o sujeito imaginário de *Hospital Británico* carrega um efeito de verdade, porque não é mais que uma representação autobiográfica, um diário poético, pessoal, que se refere a uma agonia *real* e à qual a própria morte lhe oferece seu sentido. Se todo autor é um morto e toda escrita, a longo prazo, é testamentária, neste caso concluímos que a composição do livro é quase simultânea a esse trânsito de um estado ao outro.

Há, além disso, outro aspecto que parece validar o sujeito imaginário: os "estilhaços" aos quais recorrem os fragmentos de antigos poemas do autor. A série de fragmentos de poemas pertencentes aos livros elegidos se encontra, por um lado, em outra ordem cronológica no que diz respeito à sua aparição e, por outro lado, cada um dos fragmentos está disposto de tal modo que, ao integrar outro contexto, modifica, ao menos parcialmente, seu significado original – o que tinha no livro ao qual pertence. Isso produz um particular efeito de sentido: os poemas escritos em outra época e em outro livro adquirem um misterioso significado retrospectivo; constituem uma espécie de profecia: são chamados agora de "textos proféticos distantes". Foram escritos para dizer algo, *outra coisa,* diferente daquela que parecem dizer, como um oráculo que os acontecimentos futuros revelaria, em todo seu alcance. E, ao mesmo tempo, são uma memória que adquire a forma de um diário pessoal, que recorre a cada data. Este recorrer, este retorno, se vê acentuado pela repetição dos subtítulos que, ao mesmo tempo, provêm dos versos do poema inicial. Uma estrutura espiralada que contém sua própria espiral, sua serpentina na memória, como se nota na imagem dos três versos finais de "El escorial" compilados em *Legión extranjera* (1978):

> Minha cabeça para nascer cruza o fogo do mundo
> Mas com uma serpentina de água gelada na memória
> E lhe peço socorro.

Reaparecem assim em *Hospital Británico:*

> **Tenho a cabeça enfaixada** (texto profético distante):
>
> Minha cabeça para nascer cruza o fogo do mundo, mas com uma serpentina de água gelada em minha memória. E lhe peço socorro (1978)

Sem fazer essa análise aqui, que seria extensa, basta apontar que o fragmento em "El escorial" guarda, com o contexto do poema ao qual pertence, uma relação de sentido completamente diferente daquela que tem com os fragmentos intitulados "Tenho a cabeça enfaixada", no qual se encontra de novo. A crítica deve investigar estes vínculos, desdobrando todas as diferenças. Mas ao menos podemos deduzir um aspecto: a repetição trabalha como um *retorno* e uma *profecia* no plano do imaginário poético, mas também como um *encontro* em contextos distintos no plano de uma leitura literal. Ambos os planos se implicam.

Mas há outro aspecto a considerar: a verossimilhança do aspecto profético, que por sua vez prefigura a transfiguração do corpo possuído pela Divindade, anulado como sujeito individual e renascido como sujeito do êxtase místico. No primeiro livro de Viel Temperley, *Poemas com caballos* (1956), se inclui uma seção escrita por volta de 1953, onde se lê o seguinte poema, intitulado "El polvorín" ["O barril de pólvora"]:

Deve saltar meu corpo em direção aos céus
E explodir até ser, multiplicado,
cada gota, cada folha, cada areia;
minha pele por todo o céu e todo o campo.
Depois de absorver o ar, absorvo a terra
com o peito invertido e enterrado.
E agora no mar, com minha cintura em meio
a um metro azul de anjo quase afogado
Como um menino de seu alto, aspiro a água.
E unidos ar e terra e água, explodo.

A estrutura rítmica do poema [no texto original, em espanhol], está muito codificada: dez versos hendecassílabos com rima assonante nos versos pares. Mas a relação com alguns motivos sobre o corpo tem várias coincidências com *Hospital Británico*: o sair de si em direção aos céus e igualmente explodir em fragmentos que se multiplicam – assim como os estilhaços da trepanação também são uma forma da dispersão –; a sugestão de que o corpo se transformará – ao absorver terra e fazê-lo com o peito invertido e enterrado – em um corpo morto; a imagem de que depois dessa morte ressuscitará no mar – um metro azul de anjo quase afogado –, como uma espécie de batismo místico. O qual remete a "Crawl", (1982), o texto anterior a *Hospital Británico*, do qual também se incluem alguns fragmentos. Em "Crawl" a imagem do nadador e seu entorno – o mar, o quebra-mar, os banhistas, as caixas de areia, a casinha dos salva-vidas – não só metaforizava o corpo lançado em busca de seu reencontro no corpo Divino – Hóstia, Cristo, Espírito –, mas também encarnava a busca formal do poema. Em suas escolhas rítmicas, na disposição dos versos, nas pausas e em sua extensão, se evocava um corpo que nada: cada braçada é um verso que respira. O *crawl* se torna estilo (de natação) literário. Em *Hospital Británico* a escrita vai até seu limite: aponta com minúcia as derivas imaginárias da própria morte. Se *Crawl* fosse a encenação de um nadador, *Hospital Británico* seria a memória de um afogado cujo corpo se afunda no abismo para alcançar a luz.

Cito uma só prefiguração em um poema muito inicial do imaginário finalmente exibido em *Hospital Britânico* – e também em *Crawl*, o livro prévio. Seria possível encontrar ao longo dos textos de Viel Temperley uma confirmação deste aspecto. Mas em todo caso podemos esboçar uma conjectura: não é a agonia nem a morte do homem real o que fundamenta o sentido de *Hospital Británico*, já que no imaginário poético de Viel Temperley se encontrava postulado desde os inícios o êxtase do sujeito em uma dimensão transcendente, o explodir, a imersão no oceano da divindade. Em todo o caso, o corpo imaginário *profetizava* o autor em sua agonia mística, que encontraria sua culminação poética em *Hospital Británico*.

Em um capítulo de *O que resta de Auschwitz*, Giorgio Agamben comenta um estudo de Ludwig Biswanger chamado "Função vital e história interna da vida", onde se fala da dualidade entre o organismo psicossomático e a história interna da vida. Comentando outro escrito posterior, que fala de uma disjunção similar, Agamben conclui que, por um lado, se encontra o fluxo contínuo das funções vitais – respiração, circulação do sangue, movimento muscular, irritação etc. – e, por outro, se encontra o da linguagem e do eu consciente, que permitem organizar as vivências de uma história individual. E se pergunta se existe um ponto no qual esses fluxos se articulam em uma unidade, se o ponto em que o eu se produz como subjetividade na linguagem – e poderíamos agregar, no imaginário do poema, onde também diz "eu" – pode encontrar um lugar no fluxo biológico.[114] É possível, então, que a agonia do perfurado,

114 Giorgio Agamben, *Lo que queda de Auschwitz: El archivo y el testigo (Homo Sacer, III)*. Tradução de Antonio Gimeno Cuspinera. Valencia: Pre-textos, 2000, pp. 123-124.

sua claudicação corporal, seja o verdadeiro fundamento, a experiência vivida que sustenta como que um sentido transcendente para o sujeito imaginário do poema?

A agonia de Viel Temperley só confirmou pontualmente aquilo que, se não tivesse ocorrido, ou se tivesse ocorrido muito depois, cada poema sustenta: *todo autor é um morto*. Na poesia de Viel, o corpo imaginário que o designa – o que salta ao céu, o nadador que comunga, o trepanado – mimetiza uma agonia ou é transfigurado pela Divindade. O corpo poético trabalha como uma profecia do morto que fala, que pode ou não ter seu ato concomitante no real, que pode ou não encontrar em Deus seu Logos. A construção da profecia foi parte do trabalho poético do poeta, ao situar em outro contexto os fragmentos anteriores para a estrutura cíclica do livro. Esse *eu* significa, como sugeriu Agamben, a separação irredutível "entre o devir falante do vivente e o sentir-se vivente do falante"; e, ainda que ambas séries se desenvolvam, uma ao lado da outra, não coincidem. O sujeito se funda na tensão desse íntimo deslocamento imaginário, onde corpo e língua se encontram em uma distante intimidade, mas não sustentam um fundamento mais além de sua própria enunciação, que é social: nem a vida nem a morte lhe proporcionam seu sentido, nem a experiência vivida lhe outorga sua última significação, nem, finalmente, o instaura o Logos divino. Em *Hospital Británico* o sujeito imaginário do poema assim o confirma: "Vou em direção ao que menos conheci em minha vida: vou em direção ao meu corpo".

A POESIA COMO ATO

La poésie et l'action, vases obstinément communiquants.
La poésie, pointe de flèche supposant l'arc action.
René Char

PASSAGEM NA ÍNDIA

por Octavio Paz e Julio Cortázar

Encontros

"Cortázar é o escritor de minha língua do qual eu me sinto mais próximo...", declarou Octavio Paz por volta de 1971, em diálogo com Julián Ríos em *Solo a duas vozes* (1973), quando já ambos apresentavam posturas ideológicas diversas.[115] Todos exaltam as diferenças políticas dos últimos anos, porém basta ler uma dedicatória de Paz a Cortázar para entender toda a sua afinidade: no exemplar de *Viento entero* com o qual lhe presenteou, reza, em tinta negra: "A Julio – não César, Cortázar!; não capitão general – solitário combatente nas fronteiras ilimitadas da linguagem, seu leitor, seu partidário, seu amigo, Octavio". Ou essa dedicatória de *Os filhos do barro*: "A Julio, mais próximo do que distante, em um lá que é sempre aqui, Octavio", que parece repetir em código o poema de Cortázar que ocupa o capítulo 149 de *Jogo da amarelinha*, que citarei mais adiante.[116]

A experiência diplomática de Octavio Paz, como embaixador mexicano na Índia, com residência em Nova Deli, encorajou umas das mais significativas expansões de sua obra, o vínculo com a cultura hindu e, além dos poemas de *Ladera este*, os ensaios de *Conjunções e disjunções* e o anterior *Vislumbres da Índia*, escreveu sua obra-prima, *O mono gramático*. O texto estava destinado à coleção Les Sentiers de la Création

115 Octavio Paz e Julián Ríos, *Solo a dos voces*. Barcelona: Lumen, 1973, s. p.
116 Pode-se ver as imagens destas páginas dedicadas por Octavio Paz na sessão de livros assinados por Julio Cortázar que oferece online o Centro Virtual Cervantes, disponível em http://cvc.cervantes.es/literatura/libros_cortazar/libros_firmados03.htm

[Os caminhos da criação], dirigida por Albert Skira e Gaëtan Picon, e foi publicado primeiramente em Paris na sua tradução francesa, em 1972, sob o nome *Le singe grammairien*, em um jogo com a homonímia *singe/signe* (macaco/signo), equivalente ao jogo mono[117] gramático / monogramático do espanhol: o texto evoca a Hanuman, deus-macaco, conhecedor das escrituras e o nono autor da gramática, que aparece no *Ramayana*, entre outros textos sagrados. Em 1974 apareceu em Barcelona o texto original em espanhol. Prefiro classificar este texto como prosa, apesar de seu impulso para o relato e a reflexão, como poesia. Foi escrito em Cambridge em 1970 e evoca a experiência poética e sagrada de um itinerário, curso do discurso, pelo caminho de Galta, localidade abandonada e em ruínas de casas e palácios dos séculos XVIII e XIX, habitadas por párias e dezenas de símios, próximo a Jaipur, em Rajastán, e foi concluído antes de outubro de 1986, junto à sua esposa Marie José Tramini, no momento em que Paz renunciou de seu cargo em razão da matança de Tlatelolco.[118]

Entre fevereiro e abril desse mesmo ano, Paz hospedou, na embaixada do México, Julio Cortázar e Aurora Bernárdez; o iniciou em muitos aspectos do hinduísmo e do budismo e realizou viagens com ele. Podemos reconstruir parte desta experiência na correspondência de Cortázar. Ali relata, por exemplo, que havia estado na Índia doze anos antes e que então fora feliz, mas que agora – segundo consta em sua correspondência, a data de chegada foi 29 de janeiro de 1968 – tudo

117 Mono em espanhol é também macaco, o que possibilita o jogo entre macaco e um (*mono/mono*). (N.T.)
118 "Decidi seguir literalmente o sentido do título da coleção: Os caminhos da criação" – comenta Octavio Paz a Julián Ríos, por volta de 1971. "Escolhi um caminho e comecei a andar... um caminho que percorri muitas vezes com Marie José, minha mulher. O caminho de Galta, que é uma localidade abandonada e em ruínas, próxima a Jaipur, em Rajastán. Ruínas de casas e palacetes dos séculos XVIII e XIX, hoje habitadas por uma casta de párias... e por bandos de macacos. A analogia entre o ato de escrever e o de traçar um caminho é óbvia; também o que é o ato de ler equivale a percorrer um caminho – só que ao ler dissipamos o texto que lemos e ao caminhar apagamos o caminho. Como vê, a relação com *Blanco* é direta" (*Solo a duas vozes*, op. cit., s. p.).

"parece estar pior, mais pobre e mais sujo, e ao mesmo tempo com essa dignidade e essa indiferença que fazem do indiano um ser de quem gosto instintivamente. Da outra vez observei os monumentos; desta vez tratarei, ao longo de três meses, de observar um povo".[119] Fala do horror e da maravilha: do horror da pobreza dos meninos golpeando o próprio estômago com uma mão e pedindo esmola com outra, e da maravilha das fabulosas esculturas eróticas do templo de Kajuraho. Em carta dirigida a seu amigo Eduardo Jonquières, de 6 de março de 1968, fala de seu amigo Octavio relembrando suas longas horas de conversa em Deli:

> Me maravilha cada vez mais a lúcida e sensível inteligência de Octavio, ainda que esteja muito longe de seus critérios em muitas coisas. O que mais me assombra nele é sua juventude, seu desejo de seguir adiante na poesia: "Blanco", seu último poema, é o resultado de uma longa meditação "indiana", por uma parte, e estruturalista por outra. Trabalha agora em uma série de poemas "em rotação" (você leu *Signos em rotação*?), que se imprimirão com um sistema de cartões perfurados que permitirão diferentes leituras etc. Seu interesse pelas buscas dos poetas concretistas, o que faz o grupo de Haroldo de Campos, de Henri Chopin etc, é comovente, porque tudo levaria a pensar que um homem que chegou a uma plena maturidade em sua linha poética se manteria prudentemente à margem das aventuras atuais. E não é assim, e diante disso os resultados importam menos que a atitude de um homem capaz de jogar tudo para o alto e lançar-se a coisas que muitos de seus admiradores considerariam insuportáveis.[120]

119 Julio Cortázar, *Cartas 1965-1968*. Edição de Aurora Bernárdez e Carles Álvarez Garriga. Buenos Aires: Alfaguara, 2012, p. 544.
120 Idem, p. 565.

Entre essas viagens a diversas cidades e regiões, houve uma a Jaipur, em que Cortázar fotografou os observatórios construídos pelo sultão Jai Singh. Em 1971, em sua casa de veraneio em Saignon, Cortázar escreveu, a propósito dessa experiência, um breve texto em prosa, não menos poético e heterodoxo que *O mono gramático*, chamado *Prosa do observatório*. Sua primeira edição data de 1972 e a segunda, em edição de bolso, de 1974. A confluência vital e poética de Paz e Cortázar teve esse encontro, no espaço ao mesmo tempo real e imaginário de Jaipur e nesses livros de prosa poética, uma série de convergências que tentaremos pensar a partir da noção de *passagem*.

Continuidades

Este ensaio crítico continua a tarefa iniciada em outro de Anthony Stanton, de 2006, chamado "Paz y Cortázar: estéticas paralelas". Stanton assinalava ali que pretendia estudar os paralelismos entre os dois escritores e aponta, de início, uma curiosa ausência: "Por mais surpreendente que pareça, praticamente não existem aproximações críticas comparativas a estes dois autores, dois clássicos do século XX".[121] Retomarei, de um modo complementar, várias das coincidências que Stanton rastreou e, em seguida, irei ampliá-las, não somente para confirmá-las, mas também para continuá-las em tal constatação. O crítico aponta três etapas de confluência entre Paz e Cortázar: a primeira fase corresponde aos inícios literários, com paralelismos em suas leituras formativas, a atualização da tradição romântica e uma muito parecida assimilação da poética surrealista e da filosofia existencialista. Uma segunda fase constata as coincidências entre os contos de *Final do jogo* (1956), de Julio Cortázar, publicado no México em 1956, e a série de relatos "Areias movediças" (1951), de Octavio Paz, incluídos em Águia ou sol? Uma terceira fase, situada nos anos sessenta, segundo a qual lê o grande poema *Blanco* (1967) como um dos ecos mais interessantes a respeito de *O jogo da amarelinha* (1963).

121 Anthony Stanton, "Paz y Cortázar: estéticas paralelas", *Literatura Mexicana*, 17:2, 2006, p. 213.

Stanton recorda da estadia de Cortázar e Aurora Bernárdez em Nova Deli na casa de Paz, onde se cimenta uma velha amizade. Recorda que ali Cortázar escreveu seu poema circular e aberto que combina estrofes de um modo aleatório, chamado "720 círculos", próximo aos "Topomeas" de Paz e da poesia concreta brasileira. Aponta, além disso, que a partir dos anos setenta ocorre um distanciamento entre ambos por razões ideológicas. A amizade, entretanto, nunca se desfez. Quero mencionar aqui outra grande confluência que é resultado daquela estadia em Deli, na qual Paz e Cortázar manifestam, na escrita de *O mono gramático* e de *Prosa do observatório*, uma profunda afinidade.

Como também assinala Anthony Stanton, no capítulo 149 de *O jogo da amarelinha*, de Julio Cortázar – que significativamente pode ser lido entre os capítulos 66 e 54, segundo a disposição que Cortázar chamava "o segundo livro" –, se encontra este breve e extraordinário poema de Octavio Paz, chamado "Aqui", e publicado originalmente em seu livro *Salamandra*, por volta de 1962, mas que cito segundo a transcrição de *O jogo da amarelinha*:

> Meus passos nesta rua
> Ressoam
>   Em outra rua
> Onde
>   Ouço meus passos
> Passar nesta rua
> Onde
> Só é real a névoa.[122]

No capítulo fundamental que se segue a este poema, o 54, Oliveira crê perceber a Maga quando vê, de seu quarto, Talita brincando de amarelinha no pátio do manicômio. A mulher, inadvertidamente, já

122 Julio Cortázar, *Rayuela*. Edição crítica de Julio Ortega e Saúl Yurkievich. Buenos Aires: ALLCA XX / Fondo de Cultura Económica, 1992, p. 453.

é a outra. Se afirma outra vez essa entrada em um espaço alternativo naquele parágrafo que é um dos centros do sentido do romance:

> De alguma maneira haviam ingressado em outra coisa, nesse algo onde se podia estar de cinza e ser de rosa, onde se podia ter morrido afogada em um rio (e isso ela já não o estava mais pensando) e chegar em uma noite de Buenos Aires para repetir na amarelinha a própria imagem daquilo que acabavam de alcançar, a última casinha, o centro da mandala, o Ygdrassil vertiginoso por onde se chegava a uma praia aberta, a uma extensão sem limites, ao mundo debaixo das pálpebras que os olhos voltados para dentro reconheciam e acatavam.[123]

Há uma página de Paz que, possivelmente, é o espelho imediato de uma página de Cortázar: Esplendor, a figura feminina de *O mono gramático,* se assemelha subitamente a Maga em uma esquina de Paris, espécie de duplo mágico. Talvez porque entre ambas mulheres e ambos lugares surge, como invocada nesse campo magnético, *Nadja*, de André Breton. O surrealismo foi também entre Paz e Cortázar a outra pedra-imã, porém muito antes dele, o demônio da analogia. Na confluência de espaços, Galta se torna Paris na perspectiva de uma mulher, tal como em *O jogo da amarelinha* o quarto da rue du Sommerard onde está a Maga se tornava logo um quarto de Burzaco, no sul da grande Buenos Aires:

123 Idem, p. 265. No capítulo 66 de *O jogo da amarelinha,* lemos uma citação sobre Morelli que remete à possibilidade de ascender à zona imaginária mediante um recurso tipográfico, ou seja, desde a particular configuração de uma página: "[Morelli] projeta um dos muitos finais de seu livro incompleto e deixa uma maquete. A página contém uma frase somente: 'No fundo sabia que não se pode ir mais adiante porque não o há'. A frase se repete ao longo da página, dando a impressão de um muro, de um impedimento. Não há pontos nem vírgulas nem margens. De fato, um muro de palavras ilustrando o sentido da frase, o choque contra uma barreira detrás da qual não há nada. Porém até embaixo e à direita, em uma das frases falta a palavra "o". Um olho sensível descobre o oco entre os tijolos, a luz que passa" (Idem, p. 303).

> Olho para Esplendor e através de seu rosto e de seu sorriso me abro caminho para outro momento de outro tempo e lá, em uma esquina de Paris, entre a rua de Bac e a de Montalembert, ouço a mesma risada. E essa risada se sobrepõe à risada que ouço aqui, nesta página, enquanto me interno às seis da tarde de um dia que invento e que se deteve no terraço de uma casa abandonada para além de Galta.[124]

O parágrafo de Paz retoma o espaço parisiense dessa confluência entre a rua de Bac e a rua de Montalembert, que aparece pela primeira vez no poema "Viento entero", publicado em Deli em 1965: "O pássaro caído / entre a rua Montalembert e a de Bac / é uma moça / detida / sobre um precipício de olhares" (p. 395). Se refere ao episódio amoroso do reencontro de Marie José e Octavio na cidade de Paris, depois de terem mantido uma relação secreta de amantes em Deli, quando, dizem, o poeta se encontrava em um bar ou por acaso em um hotel, situado nesta mesma esquina parisiense, e viu passar Maria José por um espelho que refletia a rua às suas costas. Assim a contingência se torna, como queriam os surrealistas, "acaso objetivo": não se separarão jamais. Cena algo cortazariana, já que no célebre começo de *O jogo da amarelinha* Horacio Oliveira procura a Maga nas ruas de Paris para reencontrá-la. A figura feminina de Esplendor, então, uma vez mais alude a Marie José, a quem está dedicado *O mono gramático.*

Trata-se, tantos nos fragmentos de Cortázar como no poema de Paz, de acessar, por uma via poética ou iniciática, o outro lado, ou, melhor dizendo, um espaço outro, de todo heterogêneo no que diz respeito à realidade cotidiana; esse lugar de alteridade que podemos chamar, parafraseando Carlos Fuentes, de "zona sagrada". Não se refere tanto ao outro mundo, com suas ladainhas fantasmais, mas sim a um oposto, o espaço propício às transfigurações que revelam o

124 Octavio Paz, *Obra poética I (1935-1970).* México: Fondo de Cultura Económica / Círculo de Lectores, 1997, pp. 510-511.

ser íntimo do mundo como transcendência, ou "o outro do mundo", como diria Maurice Blanchot. Os passos que ressoam em uma rua do poema, por exemplo, se ouvem desde a rua "outra", como se o ato mesmo se esvaziasse de sua imediata condição física e espacial para se transformar em ressonância. A ressonância dos passos transforma o contingente em enigmático,[125] o trivial ato mundano em uma pura presença: trata-se da iminência do sagrado, onde o espaço mesmo da página, como se fosse um talismã, também se tornasse uma zona de transformações.

Esse dinamismo se estabelece a partir de uma passagem, de um rito de passagem. Figura habitual na narrativa de Cortázar, o rito de passagem é também um modo propício à poética de Paz, um de cujos exemplos evidentes é o breve poema "Aquí", anteriormente citado. "*La mutation onthologique ne s'opère que par un rite de passage* – afirma Mircea Eliade – (...). *On ne change de modalité qu'à la suíte d'une rupture*" ["Não há mutação ontológica que não se opere senão mediante um rito de passagem (...). Não se muda a modalidade senão à consequência de uma ruptura"].[126] Frequentemente estas passagens se simbolizam mediante conexões físicas que denotam a passagem de um espaço ao outro: o caminho ou o umbral, a ponte ou a escadaria. No caminho de Galta percorrido por Paz a paisagem se torna texto, que se torna corpo, que se torna eros. No observatório de Jaipur a arquitetura da passagem é pura, como essas escadas tronchas, fotografadas por Cortázar, que

125 Em seu artigo "Jardines para 'Viento entero'", que aparece, junto a outros textos críticos, a edição facsimilar do poema de 1965 escrito em Deli, Corrado Tostado cita o fragmento de uma carta a Tomás Segovia na qual Paz comenta esse episódio: "Em todo caso, as chamadas 'coincidências' (eu preferiria dizer: *signos*) são uma prova da existência das afinidades escolhidas. (Porque não tenho dúvida de que nisto também interfere a "escolha"). Te digo tudo isso porque nos últimos dois meses o 'acaso objetivo' se revelou a mim como a forma suprema – quase a única que de verdade valha a pena – da comunicação'. A primeira manifestação pertence à ordem amorosa e algum dia te contarei." (Octavio Paz, *Viento entero*. Edição fac-similar. México: Conaculta, 2014, p.49).

126 Mircea Eliade, *Mythes, rêves et mysteres*. Paris: Gallimard, 2008, p. 146. Baseada na tradução para o espanhol do autor.

não levam a nenhum lugar, a não ser a totalidade do aberto e da infinita abóboda celeste.[127]

A via do poema é um acesso propício a esse espaço alternativo no qual não somente o tempo é abolido, como também é o *topos* onde é produzida a fusão dos contrários, a *coincidentia oppositorum*, o *sim* e o *não* em um *sino* comum,[128] o retorno à unidade primitiva – aquele antigo postulado do romantismo – que também vislumbra no ato erótico, o ato amoroso, um modelo cósmico de fusão. Essa lógica da alteridade foi cunhada por Octavio Paz em uma noção que percorre toda sua obra: a *outridade*. Por esse espaço intersticial em que o instante é eterno e surge um espaço alternativo, por esse signo que no poema abre o hiato no mundo, por essa passagem onde se rompe todo o binarismo fossilizado, ali resplandece a outridade. Assim o definia Paz no ensaio "Os signos em rotação":

> A outridade é antes de tudo uma percepção simultânea de que somos outros sem deixar de ser o que somos e que, sem cessar de estar onde estamos, nosso verdadeiro ser está em outra parte. Somos outra parte. Por outra parte quero dizer: aqui, agora mesmo enquanto faço isto ou aquilo.[129]

127 Para a relação, fundamental para a poesia de Paz, entre escrita e caminhada, ver o estudo pormenorizado de Hugo J. Verani, *Octavio Paz: el poeta como caminata*, México, Fondo de Cultura Económica, 2013. Sobre o particular vínculo de sentido entre fotografia e texto em *Prosa do observatório*, ver a tese de Candelaria Luján, "Imaginar Excepciones. Julio Cortázar, la fotografía y *Prosa del Observatorio* en el contexto de las vanguardias francesas". Tese de mestrado. Universitat de les Iles Ballears, Biblioteca Digital, 2013. Disponível em: http://ibdigital.uib.es/greenstone/collect/memoriesUIB/archives/Lujan_%20C.dir/Lujan_%20Candelaria.pdf

128 No original, "*el* sí *y el* no *en un* sino *común*", há um jogo com a palavra *sino* (destino). (N.T.)

129 Octavio Paz, *El arco y la lira*. México: Fondo de Cultura Económica, 1973, p. 266. Indico número de página deste texto.

A noção de outridade aparece muito cedo nas obras de Octavio Paz e remete às suas leituras de Antonio Machado nos anos trinta (por exemplo, o ensaio do apócrifo Abel Martín sobre "A essencial heterogeneidade do ser").[130] Mas Paz também obteve no pensamento oriental um modelo estimulante, já que, como afirma em *O arco e a lira*, "não tenho padecido deste horror ao 'outro', ao que é e não é ao mesmo tempo" (p. 102). Aí, se refere ao taoísmo e ao pensamento de Chuang-Tsé, que cita: "Não há nada que não seja isto; não há nada que não seja aquilo. Isto vive em função de aquilo. Tal é a doutrina da interdependência de isto e aquilo" (p. 102). Isso que já estimulava nos anos cinquenta se efetiva nos anos da Índia. Aquela premonição pode ser rastreada em várias páginas de *O arco e a lira*, como as dedicadas ao taoísmo no capítulo "A imagem". Julio Cortázar havia lido com dedicação este livro. Recomenda-o a seu amigo Jonquières quando está na Índia, mas já havia destinado a Octavio Paz, em julho de 1956, uma longa carta de admiração, na qual declarava que "do princípio ao final *O arco e a lira* é um avanço em riqueza, em profundidade e em beleza", ou melhor, que é "o melhor ensaio (e esta palavra é pouco) sobre poética que já se escreveu na América".[131] Contamos com o volume que pertencia a Cortázar em sua primeira edição, sublinhado profusamente. Prova que esse diálogo de várias horas com Octavio Paz em Deli havia sido anterior, silencioso e intenso em sua leitura. Em *O arco e a lira*, Paz se refere em duas ou três páginas a outro modelo possível da lógica poética da outridade. Cortázar, na página 94 da primeira edição de 1956, marca enfaticamente com cinco linhas

130 Tenho tratado desta questão da poesia de Octavio Paz no marco da poesia hispano-americana do período no meu trabalho "El fin de Narciso. La ruptura en el imaginario poético hispanoamericana entre 1940 y 1950" em Susanne Grunwald, Claudia Hammerschmidt, Valérie Heinen e Gunnar Nilsson (Eds.), *Pasajes/ Passages / Passagen: Homenaje a Christian Wentzlaff Eggebert.* Sevilla: Universidad de Sevilla / Universität zu Köln / Universidad de Cádiz, 2004, pp. 539-550.

131 Julio Cortázar, *Cartas 1955-1964.* Edição de Aurora Bernárdez e Carles Álvarez Garriga. Buenos Aires: Alfaguara, 2012, pp. 98-101.

a lápis esta frase reveladora: "O pensamento oriental não padeceu deste horror ao 'outro', ao que é e não é ao mesmo tempo. O mundo ocidental é o do "isto ou aquilo"; o oriental, o do 'isto é aquilo'". Nessas páginas, Cortázar sublinha a frase "tu és aquilo" e anota na margem da frase: "Oriente: o taoísmo". Sublinha também uma advertência, que não aparece na edição corrigida e ampliada de 1967: "A identidade dos contrários que postula a tradição oriental, é também afirmação central de muitos místicos e poetas ocidentais". Em nota de rodapé, a lápis, Cortázar escreve "Keats, of course".[132] Data de 1946 o artigo "A urna grega na poesia de John Keats", e de 1952 seu vasto ensaio *Imagem de John Keats*, poucos anos antes de sua leitura de *O arco e a lira*, finalizada em agosto de 1955, e que prosseguirá com os questionamentos à renúncia da razão ocidental ao mundo "mágico, simpático, analógico". Ele revela que muito cedo Cortázar havia compreendido no romantismo inglês e no simbolismo francês a lógica da analogia universal e a lei das correspondências, que também inquietou Paz em toda sua obra e que resultou em muitas páginas de *Os filhos do barro*, onde afirmava que a analogia é um princípio poético que vive das diferenças: "precisamente porque isto *não é* aquilo, é possível ter uma ponte entre isto e aquilo" (p. 109).[133]

132 Pode-se consultar estas páginas na seção de livros anotados por Cortázar no site do Centro Virtual Cervantes, já citado na nota 1: http://cvc.cervantes.es/literatura/libros_cortazar/libros_firmados03.htm

133 Octavio Paz, *Los hijos del limo*. Barcelona: Seix Barral, 198, p. 109. Escreve Paz: "Tout se tient". O ritmo poético não é senão a manifestação do ritmo universal: tudo se corresponde porque tudo é ritmo. A visão e o ouvido se enlaçam; o olho vê o que o ouvido ouve: o acordo, o concerto dos mundos. Fusão entre o sensível e o inteligível. O poeta ouve e o que pensa. E mais: pensa em sons e visões" (p. 135). Cortázar também tem presente essa frase, *tout se tient*, quando escreve em *Prosa do observatório*: "Tudo se responde, pensaram com um século de intervalo Jai Sing e Baudelaire". A frase provém de um tratado de prosódia romântica, de Wilhem Ténint, publicado em 1844, com uma carta ao autor de Victor Hugo e prefácio de Émile Deschamps, onde se lê: *"Or, tout est analogie dans les arts. Tout se tient"* ["Pois tudo é analogia na arte. Todo se corresponde"]. Wilhelm Ténint, *Prosodie de l'école moderne*. Paris: Didier libraire-éditeur, 1844, p. 85. Disponível on line através de Google Books. Tradução minha.

Passagens

Não é este o espaço para a análise pormenorizada de ambos os textos, em princípio por sua complexidade, que requereria um amplo desenvolvimento: *Prosa do observatório*, de Julio Cortázar é um texto lateral, mas concentra de um modo luminoso a poeticidade fundante de toda a sua obra, desdobrada especialmente em *O jogo da amarelinha*, e por acaso não diferiria de um texto que pode haver imaginado o Morelli de *O jogo da amarelinha*. *O mono gramático* de Octavio Paz é, em contrapartida, uma obra-prima superlativa em um conjunto onde estas abundam e, também, como apontou Pere Gimferrer, é uma das empreitadas poéticas mais significativas de nosso tempo. Gimferrer usa o título "Convergências" para analisar *O mono gramático*.[134] O vocábulo é propício para descrever a experiência que reuniu Paz e Cortázar em Deli e o modo como esse fato biográfico se transfigurou em uma estrelada conjunção, como se, outra vez, o acaso objetivo os reunisse para gerar duas respostas poéticas convergentes. Convém resumir certos aspectos parciais de cada um dos textos, para em seguida apontar algumas destas ditas convergências.

Prosa do observatório compõe um dito, a disposição puramente rítmica da frase, e a partir de estes ritmos estabelece, fônica e semanticamente, a apoteose da analogia. Uma notícia publicada no *Le Monde* de 14 de abril de 1971 inspira em Cortázar um dos termos da metáfora, concebida como uma passagem – interstício espacial que torna um buraco na rede temporal, "essa maneira de estar entre". O título do artigo era: "A grande viagem das jovens enguias até a Europa termina com a primavera". Em uma nota inicial, Cortázar esclarece: "As referências ao ciclo das enguias procedem de um artigo de Claude Lamotte publicado no *Le Monde*, Paris, em 14 de abril de 1971; desnecessário dizer que se alguma vez os ictiólogos ali citados lerem estas páginas, coisa pouco provável, não deverão ver nelas nenhuma alusão pessoal; igual às enguias, Jai Singh, as estrelas e eu mesmo, são parte de uma imagem que

134 Pere Gimferrer (Ed.), *Octavio Paz*. Madrid: Taurus, 1982, pp. 37-44.

só aponta ao leitor".[135] O outro termo da passagem analógica são as estrelas vistas do observatório – cujas construções às vezes chama de "máquinas de mármore" –: o fluxo de estrelas e a negra fila de enguias migratórias. Tudo conflui: *tout se tient*. A lei das correspondências rege o mundo: "Tudo se responde, pensaram com um século de intervalo Jai Singh e Baudelaire, desde o mirante da mais alta torre do observatório o sultão teve que buscar o sistema, a rede cifrada de lhe desse as chaves do contato", escreve Cortázar.[136] O ritmo da prosa poética favorece o jogo das analogias. Porém, no começo, o ritmo não abre a analogia como uma continuação, mas como uma sucessão de descontinuidades a partir de uma fatia temporal, a "hora orifício pela qual se acessa o abrigo de outras horas", um instante no qual o tempo sucessivo parece fugir por

135 Traduzo alguns breves fragmentos dessa notícia de jornal, que ilumina as imagens de *Prosa do observatório*: "Em filas compactas e imperceptíveis salpicos, remontam à noite negra como uma longa fita que às vezes se interrompe e logo volta a se unir. Nada as detém: somente a luz as dispersa ao amanhecer. As horas passam, ocultas nas areias ou escondidas na menor cavidade. Ao cair da noite, a procissão avança de novo, interminável.
A cada primavera tem lugar uma das maiores migrações animais do planeta: a das enguias.
São milhões e invadem nossos rios caudalosos. Pelo menos as que sobrevivem às redes dos homens ou aos cachalotes que as encurralam. Entretanto, as sobreviventes são, ainda, inumeráveis.
Nascidas a milhares de quilômetros das costas, atravessam o Atlântico, primeiro no estágio de larvas e em seguida de alevinos, quando a água doce que anuncia a proximidade dos continentes começa a ser percebida. Trata-se de uma longa viagem cheia de perigos. (...). É o fim de um caminho iniciado três anos antes (...). Neste momento, os alevinos, que amanhã serão enguias, abandonam sua coloração escura para se tornarem amarelos. Anos de repouso ao fim, quase unicamente dedicados a devorar tudo, como se a longa viagem sem alimentação lhes tivesse dado uma fome insaciável. (...).
Tornará a mudar de cor. Uma palidez brilhante ganhará os flancos. Durante um ano a enguia amarela se tornará prateada. A hora do amor não está longe e já se anuncia a partida. Pois se os alevinos chegaram na primavera desde tão longe e com tanta obstinação às águas doces de nosso país, será para retornar depois, durante o outono, ao lar dos Sargazos, lugar onde nasceram e para onde regressam para morrer (...)". O recorte original se reproduz em Calendaria Luján, ob.cit., p. 102.

136 Julio Cortázar, *Prosa del observatorio*. Barcelona: Lumen, 1974, p. 21. Todas as citações correspondentes a esse texto se indicam em seguida com o número da página.

um hiato, uma brecha, quando subitamente o simultâneo tem lugar. Neste instante, inadvertida erupção, se produz a *passagem*: o um é o outro, como uma conjunção cujo modelo primordial é o erotismo, de modo que a primeira união se figura a partir de uma imagem sexual, para derivar em seguida em direção às enguias e às estrelas como termos da analogia que atravessa o poema:

> estar em um quarto de hotel ou em uma estação, estar olhando para um mostruário, um cachorro ao acaso
> segurando-o nos braços, amor de cochilo ou sono, vislumbrando naquele ponto claro a porta que se abre para o terraço, em um turbilhão verde a blusa que você tirou para me dar o leve sal que treme em seus seios,
> e sem aviso, sem avisos desnecessários de passagem, em um café no bairro latino ou na última sequência de um filme de Pabst, uma aproximação ao que já não se ordena como deus manda, acesso entre duas ocupações instaladas no nicho das horas, na colmeia dia, assim ou de outra forma (no chuveiro, no meio da rua, em uma sonata, em um telegrama) tocar com algo que não se apoia nos sentidos uma brecha na sucessão, e assim, assim escorregando, as enguias, por exemplo, a região dos Sargazos, as enguias e também as máquinas de mármore, a noite de Jai Singh bebendo um fluxo de estrelas, os observatórios sob a lua de Jaipur e de Deli, na negra fila das migrações, as enguias (p. 10).

Ao tomar duas palavras em espaços descontínuos, opera isto que Cortázar chama "semântica aleatória", que reúne os termos como uma fita de Moebius, figura que o autor frequentemente evoca: "Um desenho da realidade trepa pelas escadas de Jaipur, ondula sobre si mesmo no anel de Moebius das enguias, frente e verso conciliados, faixa da concórdia na noite ruiva de homens e astros e peixes. Imagem de imagens" (p. 70). E assim o ritmo verbal, o eros das coisas, a alternância das descontinuidades, as rimas unitivas no mundo, criam outra vez a imagem da simultaneidade cortazariana: "Podem nos acontecer coisas irrisórias ou terríveis, termos acesso a ciclos que começam na porta de um café e desembocam em uma forca sobre a praça maior de Badgá, ou pisar em uma enguia na rue du Dragon (...) essas coisas ocorrem aos que levam o gato no bolso, a noite é ruiva e úmida, alguém assobia debaixo de um portal, a zona franca começa" (p. 55). Assim essas coisas e ciclos que inesperadamente ritmam criam outra dimensão do real até o que se chama "*o aberto*".

O modelo analógico que subjaz *Prosa do observatório* – e, por certo, outros textos de Cortázar – e que acha no erotismo uma imagem unitiva, a intercambiável cópula dos seres e das coisas, tem como contraface o sarcasmo a respeito da racionalidade científica sob a figura de alguns estudiosos ou da "Dama Ciência", cuja representação do real corresponde a uma ordem e a um método, e de cujo saber também se deriva uma moral social dominante:

> Dama Ciência abre seu consultório, é preciso evitar que o homem se deforme por excesso de sonhos, enfaixar-lhe a visão, amarrar-lhe o sexo, ensinar-lhe a contar para que tudo tenha um número. A par da moral e da ciência (não se assombre, senhora, é tão frequente) e com certeza
> a sociedade só sobrevive
> se suas células cumprem o programa. (...)
> Querida senhora, que faríamos sem você, sem Dama Ciência,
> falo sério, muito sério,
> porém, além disso, está o aberto, a noite ruiva, as unidades da desmedida (pp. 59-60)

Assim a ucronia se torna também utopia política: mais uma vez Cortázar realiza o deslocamento surrrealista, da metafísica à história, "a hora de sua verdadeira revolução de dentro para fora e de fora para dentro". No plano da analogia, o espaço do aberto é a zona propícia das transformações, esse ideal de passagem onde frente e verso se reconciliam e no qual o ritmo, o pulso, é origem e futuridade:

> Há que seguir lutando pelo imediato, porque Hölderlin leu Marx e não o esquece: mas o aberto segue aí, pulso de astros e enguias, anel de Moebius de uma figura do mundo onde a conciliação é possível, onde frente e verso cessarão de desgarrar-se, onde o homem poderá ocupar seu posto nessa jubilosa dança que alguma vez chamaremos de realidade (p. 78).

Em *O mono gramático* o caminho de Galta se percorre de novo no plano imaginário do poema: é um espaço inventado no percurso do discurso. Tal discurso tem uma direção e o sujeito avança até o final. Porém depois descobre que o fim mesmo é ilusório e que, no seu dizer o caminho, este também desaparece. Há, então, um puro dinamismo do discorrer poético. O dinamismo é indicial: aponta essa zona que se encontra mais além dos signos, mais além da leitura, mas também mais além das coisas. Todo o poema é uma gigantesca crítica da linguagem e, também, a certeza fremente de que somente a linguagem é o índice que pode assinalar aquele espaço onde tudo é, mais além da própria língua. A abolição da presença no signo é a paradoxal atestação do ser inacessível à palavra:

> Os signos não são as presenças, mas configuram outra presença, as frases se alinham uma após a outra sobre a página e ao se desdobrarem abrem um caminho em direção a um fim provisoriamente definitivo,
> as frases configuram uma presença que se dissipa, são a configuração da abolição da presença,
> sim, é como se todas essas presenças tecidas pelas configurações dos signos buscassem sua abolição para que aparecessem aquelas

árvores incessíveis, imersas em si mesmas, não ditas, que estão
mais além do final desta frase,
no outro lado, lá onde uns olhos leem isto que escrevo e, ao lê-lo,
se dissipam.[137]

O sujeito do poema se situa ante a natureza: reconhece um a um os objetos, as folhas, o império da luz. Como se fosse uma cena que o dividisse, o sujeito recolhe o pensamento. E ao recolher-se em si, em uma momentânea quietude, descobre que a própria fixidez é momentânea. A fixidez é esse estado que todo dinamismo imaginário deve pagar como tributo a todas as metamorfoses: "Cada metamorfose é outro momento de fixidez ao qual sucede uma nova alteração e outro insólito equilíbrio" (p. 467). Assim une o caminho e a mutação no trânsito, outra vez o dinamismo puro. O discurso é *ir em direção* a.

Dualidade especular: o discurso que se escreve faz aparecer o caminho de Galta como transição imaginária, já que esse caminho é a própria metáfora do discurso e, ao mesmo tempo, consiste em seu próprio desdobramento *enquanto* discurso. Porém há outra dimensão que necessita o texto para desdobrar esse jogo: o *tempo*, sob a espécie de um retorno seriado. Como se o tempo sucessivo fosse ritmado em diversas aberturas que o texto vai abrindo em seus retornos. O texto volta-se para si a cada vez que se questiona como escrita. Cada frase encarna, repetidas vezes, a versão e a reversão de seu significado. Um exemplo disso pode ser lido no fragmento quatro (pp. 471-473), no qual se trata o vínculo paradoxal entre fixidez e mutação.

O sujeito sabe, assim, que a própria fixidez do texto é uma imobilidade precária que se resolve em outra, e que essa impermanência é o signo da mudança. Mas, simultaneamente, o tempo é ilusório: guarda a mesma forma desse espaço imaginário encarnado na frase que avança e, ao mesmo tempo, se detém. O transcorrer também é ilusório, como

137 Octavio Paz, *Obra poética I (1935-1970)*, op. cit., p. 485. Todas as citações correspondentes a este texto se indicam seguidas pelo número da página.

nossos esforços em detê-lo: nem transcorre, nem se detém. Paz usa assim essa dualidade de contrários em tensão alternada. Tal tensão lhe permite reconstruir o caminho de Galta tão minuciosa como imaginariamente e incentiva essas perguntas propícias à crítica da linguagem: que vestígio do percebido deveria permanecer na língua? Em que consiste, então, o vínculo entre signo e percepção? Entretanto, na medida em que é uma crítica da linguagem, *O mono gramático* é sua apoteose, já que somente desdobrando-o como um tesouro pode levar a cabo tal crítica.

O ritmo propicia o analógico que, de certo modo, estanca a cisão entre palavra e mundo:

> Noto também que as repetições são metáforas e que as reiterações são analogias: um sistema de espelhos que pouco a pouco vem revelando outro texto.(...). Imagem da escrita e da leitura como metáfora do caminho e a peregrinação ao santuário como dissolução final do caminho e convergência de todos os textos neste parágrafo como metáfora do abraço dos corpos. Analogia: transparência universal: nisto ver aquilo (p. 518)

E o erotismo é, enfim, o modelo que permite a reconciliação do dividido, sob a figura da mulher: "Esplendor é esta página, aquilo que separa (libera) e entrelaça (reconcilia) as diferentes partes que a compõem, / aquilo (aquela) que está ali, ao fim do que digo, ao fim desta página e que aparece aqui, ao dissipar-se, ao pronunciar esta frase" (p. 519).

Convergências

Quais são, então, algumas das convergências entre os textos de Cortázar e Paz?A primeira, evidente, corresponde à ordem da experiência vivida: ambos percorreram, com Aurora e Marie José, os observatórios de Jai Singh em Jaipur, Deli, e não é inverossímil que talvez tenham percorrido o caminho de Galta, a cidade em ruínas que se encontra nas proximidades de Jaipur, em Rajastán. Em todo caso, ambos lugares foram o primeiro motivo de ambos os textos. E, igualmente, estes espaços foram evocados a partir de outro lugar da escrita que ambos os autores se preocupam em colocar ao final de cada texto: *O mono gramático* diz: Cambridge, verão de 1970. *Prosa do observatório* diz: Paris, Saignon, 1971 (isto é, finalizado também no verão, já que durante este período Cortázar costumava ficar em Saignon).

Prosa do observatório deve seu nome a esse espaço de Jai Singh, mas também inclui, como já foi apontado, uma série de fotografias tiradas por Cortázar dessa arquitetura fantástica, como ele a sentiu, com escadarias que não levam a nenhuma parte, ou arcos cegos que se abrem a muros ou ao vazio, ou círculos de mármore que repetem a sombra. Lembremos que *O mono gramático* foi escrito para a coleção francesa Les Sentiers de la Création ["os caminhos da criação"], das Éditions Skira, e Paz declara que decidiu seguir literalmente a metáfora do título ao escolher o caminho de Galta como motivo, e assim "escrever (traçar) um texto que fosse efetivamente um caminho e que pudesse ser lido (percorrido) como tal" (p. 554). Nessa coleção o texto também está acompanhado de imagens. E na reedição em espanhol, posterior à edição francesa, as fotos que acompanham o texto aludem diretamente a seu conteúdo: o palácio de Galta; Hanuman, o macaco gramático; a miniatura "La nayika, encarnação do amor em todas as criaturas", e entre elas uma foto de sua mulher tirada por Octavio Paz no observatório de Jai Singh.

Outra convergência é o gênero de cada texto. O de Cortázar é um texto chamado *Prosa do observatório*, no qual o vocábulo "prosa" não corresponde a um relato. Trata-se, por um lado, de uma prosa poética e, por outro, de um volume de poesia que utiliza o vocábulo *prosa* ao modo de *Prosas profanas*, de Rubén Darío, o poema "Prose pour des Esseintes", de Stéphane Mallarmé, ou "Prose du Transibérien", de Blaise Cendrars, como reconheceu o próprio Cortázar em carta de 25 de agosto de 1972 a Graciela de Sola (Graciela Maturo). Octavio Paz sublinha a analogia entre discurso e caminho, entre texto e paisagem como uma metáfora que define *O mono gramático*: "A analogia entre texto e paisagem engendra, produz outra: a do corpo como uma linguagem que se une e separa. Escrita, leitura, sacrifício, amor... É um texto que prolonga *Blanco* y e que não é um ensaio, mas assume a forma de uma pseudonovela que destrói a si mesma todo o tempo – como a leitura dissipa o caminho de Galta.[138] Assim como a Cortázar se atribui uma prosa que depois se descobre poema, a prosa de Paz é um relato cujo fim é poético. Trata-se de um poema crítico que contém seu próprio comentário, especularidade autorreflexiva e metapoética.

Ambos os textos recorrem ao relato para se desdobrar em um ritmo de motivos que o fazem circular. Tal circularidade nega a sucessão e esse motivo – vencer o tempo – também converge nos dois através de uma figura-chave: o texto de Cortázar tem a forma de um anel de Moebius, "de uma figura do mundo onde a conciliação é possível, onde frente e verso deixarão de se desgarrar" (p. 78); o texto de Paz é circular, volta uma e outra vez ao começo e não vai a nenhuma parte senão ao encontro de si mesmo: "Reconciliação une o que foi separado, faz conjunção da divisão, junta os dispersos: voltamos ao todo e assim regressamos ao nosso lugar" (p. 497). *Conciliação,* escreve Cortázar; *reconciliação,* escreve Paz.

Há uma dimensão que os textos necessitam para desdobrar seu próprio jogo: o tempo em uma espécie de retorno seriado. Como se o tempo sucessivo do discurso que transcorre nesse *ir até* fosse ritmado em diversas aberturas que o próprio texto abrisse nos retornos de seus motivos recorrentes. Cada frase encarna uma e outra vez a versão momentânea de seu significado. Assim a linearidade do caminho/discurso se torna cíclica em recorrência rítmica: esse traço torna poema ambos os textos, poemas regidos pela lei da analogia no império das semelhanças, onde isto e aquilo se fundem, onde isto é aquilo. A prosa articulada nas recorrências abre o ritmo para que ambos os textos realizem o que preveem em sua própria forma: os lugares que nomeiam se interpenetram, se abrem e se dissipam, se reescrevem e se fundem em uma alternância

138 Octavio Paz e Julián Ríos, op. cit., s. p

que nunca se fixa, a não ser de um modo momentâneo. "Extraviado entre todos estes tempos e lugares, terei perdido meu passado, vivo em um contínuo presente? Ainda que não me mova, sinto que me desprendo de mim mesmo: estou e não estou onde estou" (p. 511), escreve Octavio Paz. "Essa hora que pode chegar alguma vez fora de toda hora, buraco na rede do tempo, essa maneira de estar entre, não por cima ou atrás, mas entre, essa hora orifício que se acessa ao abrigo de outras horas" (p. 9), escreve Julio Cortázar.

Os tempos e lugares são intercambiáveis: precisamente a forma cíclica muda a linearidade do texto e transforma a sucessão em recorrência. Desse modo o desdobramento no espaço da página, que as imagens aprofundam, se fundem em um ritmo que torna a linha uma circularidade espiralada, eterno retorno do mesmo. Assim, ao reconciliar objetos e lugares, se conciliam tempos e se reconcilia o tempo." Cada tempo é diferente; cada lugar é distinto e todos são o mesmo, são o mesmo. Tudo é agora" (p. 512), escreve Paz. "Aqui se pergunta pelo homem ainda que se fale de enguias e de estrelas; algo que vem da música, do combate amoroso e dos ritmos estacionais, algo que a analogia tateia na esponja, no pulmão e na sístole" (p. 48), escreve Cortázar.

A metáfora do caminho de Galta – que, por sua vez, é uma paisagem evocada em uma cena de escrita em outro lugar, Cambridge – permite a Paz reunir, em um contínuo, diversos motivos: Hanuman, o macaco que aparece em *Ramayana* – texto épico escrito por Valmicki no século III a.C. – é gramático e dotado da capacidade de compreender o sentido da escrita, o símio que, ao mesmo tempo, simboliza o poeta que descobre a analogia entre leitura e caminho, entre caligrafia e vegetação. A escrita que se desdobra como o caminho cercado de árvores que, ao mesmo tempo, estão e não estão no texto, assim como o texto confirma e desagrega o sujeito que o escreve, enquanto realiza uma crítica da mímesis e da linguagem. Esplendor, figura feminina célebre no texto religioso hinduísta *Shatápatha-Bráhmana*, que, como é habitual na poética de Paz, é simultaneamente o arquétipo, surgido do suor de Prajapati e de uma mulher concreta. O corpo de Esplendor se transforma, no momento da cópula, em modelo cósmico da analogia: Esplendor é a própria página que se libera do solipsismo e alcança a liturgia da reconciliação dos contrários.

No texto de Cortázar o observatório do sultão é o espaço central que cruza outros dois espaços como se fosse uma matriz analógica: o das enguias que retornam frequentemente para mudar ou morrer e o das estrelas que se exibem na abóboda celeste. Esse contínuo é gerado pela própria palavra que encontra em si o modo de transgredir o binarismo e a exclusão dos contrários: assim o texto se transforma naquilo mesmo que nomeia e é ele mesmo espaço imaginário das transformações, através da semiótica aleatória: "Isto que flui já é uma palavra desatinada, desagregada, que busca por si mesma, que também se desenvolve, a partir de sargaços de tempo e semânticas aleatórias, a migração de um verbo: discurso, percurso, as enguias atlânticas e as palavras enguias, os relâmpagos de mármore das máquinas de Jai Singh, o que olha os astros e as enguias, o anel de Moebius circulando em si mesmo" (p. 12). Há também uma crítica da *ratio* científica e, além disso, a ucronia analógica se torna utopia política: outra vez Cortázar realiza o deslocamento surrealista, da metafísica à história.

Ambos textos passam de um objeto a outro, de um espaço a outro, e se transformam em um ritual de passagem onde os contrários relativos do reino da sucessão se conciliam em uma alternância para restabelecer um corte no tempo, um hiato. "Acesso entre duas ocupações instaladas no nicho de suas horas, na colmeia dia, assim ou de outra maneira (no chuveiro, no meio da rua, em uma sonata, em um telegrama) tocar com algo que não se apoia nos sentidos uma brecha na sucessão" (p. 10), escreve Cortázar. "Os tempos e os lugares são intercambiáveis: o rosto que vejo agora e que, sem me ver, ri do bobo e de seu pânico, o vejo em outro momento de outra cidade – sobre esta mesma página" (p. 511), escreve Paz.

Outra convergência é a simultaneidade de origem de ambos os textos. Octavio Paz reconheceu na novela *62, modelo para armar*, de

Julio Cortázar, a mesma figura analógica de seu poema *Blanco*. Para Paz, na novela de Cortázar todos os personagens desembocam em uma pluralidade de espaços que já não são lugares, mas sim tempos, e a partir dessa passagem há uma contaminação da realidade pela poesia, o tempo cronométrico invadido por outro tempo, o do erotismo ou do sonho. Diz Paz a Julián Rios em *Solo a duas vozes:*

> Cada homem e cada mulher é um fragmento dessa grande metáfora que é o universo de Cortázar. O tempo e o espaço se pluralizam e todos esses tempos e espaços distintos se comunicam entre si, se acoplam. Esse acoplamento é parte da rotação universal, do erotismo cósmico (...). Não é um discurso linear em que uma coisa vai depois da outra, mas é um discurso analógico em que cada coisa se corresponde com outra. É o caso de *62, modelo para armar* – que Octavio Paz chamava "62, modelo para amar" – ou de "Blanco". Cortázar é o escritor de minha língua de quem eu mais me sinto próximo. "Blanco" é um poema no qual o tema é a linguagem, mas a linguagem é um corpo, um corpo que se fragmenta e se une.[139]

O mono gramático é uma continuidade de *Blanco*, afirmou Paz. *62, modelo para armar*, é o texto que Cortázar anuncia que acaba de terminar e enviou a Buenos Aires, em uma carta a Jonquiéres enviada de Deli, em 6 de março de 1968. Dessa experiência surge *Prosa do observatório.* Em ambos aparece a união erótica como metáfora da analogia universal e é, também, outro rito de passagem, a imago unitiva da cópula das palavras e das coisas, onde cada ser apaixonado não persiste em seu ser senão para ser o outro e o outro, cópula da terra e do céu, hierogamia dos corpos como transparência do mundo. Cortázar escreve: "[o sultão] engaja uma lenta, interminável cópula com um céu que exige obediência e ordem e que ele violará noite após noite em cada leito de pedra,

139 Idem, s. p.

o frio tornado brasa, a postura canônica desdenhada por carícias que desnudam de outra maneira os ritmos da luz no mármore, que cingem essas formas de onde se deposita o tempo dos astros e os alçam a sexo, a mamilo e a murmúrio. Erotismo de Jai Singh ao término de uma raça e de uma história, rampas dos observatórios de onde vastas curvas de seios e músculos cedam seu rumo de delícia a uma vista que possui por transgressão e desafio" (p. 44). Octavio Paz escreve: "(poderia se dizer que é o púbis do terreno, de tal modo é feminina a paisagem entre os domos dos pequenos observatórios astronômicos e o ondulado campo desportivo do Colégio, / poderia se dizer que é o púbis de Esplendor que se ilumina e se obscurece, mariposa dupla, segundo se movem as chamas da chaminé, segundo cresce e decresce o ondular da noite)" (p. 483).

Octavio Paz e Julio Cortázar se encontraram na Índia e cada um a seu modo atravessou o umbral. Como sombras alternativas, no ano de 2014 de seu centenário se cruzaram outra vez. De longe algo os chamou, uma potência que viveram em um espaço comum, em uma confluência de caminhos, onde tiveram seu breve ritual de passagem para se reconhecerem, ainda que momentaneamente, duplos. O mexicano e o argentino, do lado de cá e do lado de lá, em cada texto constelado exerceram um rito de passagem em que um foi o outro em certo instante que se une no corpo dos leitores, um no outro na dualidade que é sua identidade: conciliação/reconciliação.

IDEA DO NÃO

por Idea Vilariño

Para Graciela Batticuore
Ame seu ritmo

Aquele ato se parece menos com uma lembrança do que com um mito de origem. A tal ponto que, como todo mito, existe para ser repetido. Idea Vilariño ainda o sustentava por volta de 1994, quando o relatava assim:

> O problema da identidade, que não somente aparece nos *Poemas de amor*, é um problema existencial, não um tópico literário. Sei que em um momento o senti pela primeira vez, aos meus onze anos, em um quarto solitário e na penumbra daquela casa de El Prado; permaneci olhando em um espelho os meus próprios olhos e soube que era uma pessoa, perdida toda a minha identidade de menina – filha, irmã, aluna. Soube que era eu, uma pessoa. Mas quem? Não eram olhos de menina. Foi importante. Fiquei como que perdida. Terrivelmente séria. Conservo essa capacidade, essa fatalidade de me ver de fora, de, às vezes, como te dizia, não saber quem sou. Isso aparece em muitos poemas: "Não sei quem sou / meu nome / já não me diz nada". Ou "e me direi essa sou essa é idea".[140]

No poema "Quando comprar um espelho", datado de 1965, a busca da identidade ao se contemplar em um espelho é uma ação futura:

140 *Idea: la vida escrita*. Edição de Ana Inés Larre Borges. Montevideo: Cal y Canto, 2008, p. 30.

Quando comprar um espelho para o banho
vou ver meu rosto
vou me ver
pois que outra maneira há, diga-me
que outra maneira de saber quem sou
(p. 114)[141]

Se olhará nos olhos nesse espelho e se dirá: "essa sou essa é idea" – assim em minúsculas –, mas o sujeito imaginário do poema se fundamentará em um ato anterior, naquele mesmo ato do mito repetido: "ou atenta e seriamente me olharei / como essa estranha vez – meus onze anos – / e me direi olha aí estás". Mas quem é *essa*? Quem é essa que se encontra em suspenso entre a Idea do testemunho e a Idea do verso? Quem é essa que se projeta para se encontrar futura quando antes se nomeou pessoa no espelho? Quem se nomeia e no nome se apaga e em sua própria negação se sustenta, como uma ideação do não: a Idea do Não?

Essa que escreveu um diário incansável. Essa cuja imagem é ícone que parecia uma máscara lateral de maçãs do rosto salientes e pálpebras largas e olhos de firmeza negra, valente, alerta, e esse lábio inferior de vago desdém; a da gabardina de negrura esplêndida; essa mencionada, amada, descendida; essa criou uma poesia cuja altíssima negação de si e a nominada solidão são o fundamento de uma extraordinária construção de pessoa. Nada como o não e o vazio para distrair a morte da vida fremente; nada como se nomear ninguém para ser depois.

Um eu em suspensão

Ana Inés Larre Borges, editora de *Idea: la vida escrita* e coeditora do primeiro tomo de *Diario de juventud*, abre um artigo sobre esse texto

141 Idea Vilariño, *Poesía completa*. Montevideo: Cal y Canto, 2012. Todos os poemas citados com número de página entre parêntesis pertencem a esta edição.

com parte da mesma citação transcrita no começo.[142] Larre Borges – depois de considerar a resenha de Sofi Richero de 2008 sobre *Idea: la vida escrita*, na qual se sugeria que Idea realizava "a confecção narcisista de uma imagem" que "contrariava e corroía a renúncia ao mundo que fundava o mito já em circulação" – se pergunta "E se assim fosse? Se junto não só à poesia desgarrada e niilista, mas também a lenda da solidão, houvesse existido *esta paralela construção de uma imagem 'para' a lenda?* Então, para dizê-lo no tom de alguns dos poemas de Vilariño: então, o quê?[143]

Os poemas de Idea Vilariño escritos entre 1939 e 1944, chamados *Poemas anteriores* na *Poesía completa* e publicados ali pela primeira vez – anteriores a seu primeiro livro, *La suplicante* –, junto aos poemas reunidos nas páginas do *Diario de juventud* (entre 1937 e 1945), permitem entrever o peculiar começo dessa construção de imagem. Em 20 de dezembro de 1937 Vilariño escreveu em seu diário: "Escrevi alguns poemas. Vivi alguns momentos importantes, sozinha, nos entardeceres, nas noites".[144] Em 5 de fevereiro de 1938 transcreve o poema "Sola" ["Sozinha"], e será esse o poema mais antigo que a poeta incorpora em *Poesía completa*. Porém nesse ano de 1938 há uma sequência de poemas no diário que os próprios textos confirmam. Como foi apontado, "Sola" é o primeiro, e na série da *Poesía completa* adquire um sentido singular enquanto começo: trata-se da radical assunção de um solipsismo ensimesmado que inicia um ambivalente – por seu caráter reativo e negativo que torna-se ativo e afirmativo – projeto de subjetivação imaginária no eu e no nome.

É sintomático o contraponto de sentido que oferece esse poema inicial a respeito do *Diario de juventud*. O apontamento de 5 de fevereiro

142 Idea Vilariño, *Diario de juventud*. Edição de Ana Inés Larre Borges e Alicia Torres. Montevideo: Cal y canto, 2013.
143 Ana Inés Larre Borges, "Ejercicios de soledad: Idea Vilariño en su *Diario*", *Zama*. nº 4, a. 4, Instituto de Literatura Hispanoamericana, UBA (2012), pp. 119-136. Disponível em: http://revistascientificas.filo.uba.ar/index.php/zama/article/view/623/604. Grifo meu.
144 *Diario de juventud*, op. cit., p. 104

de 1938 se refere aos interesses de uma garota de dezessete anos: o aniversário de uma jovem. Fala dos vestidos de suas amigas e dos rapazes que a interessam e das pequenas intrigas das paixões fugazes. Convidam Idea para um piquenique no dia seguinte, e ela anota que se levantará às seis da manhã. Depois desse registro festivo e despreocupado se inclui como continuação no *Diario* o poema "Sola", datado em 1937, que finaliza: "Sozinha, / sozinha e triste, longe / de todas as almas, / de tudo o que é terno, / de tudo o que é suave. / Silêncio, Tristeza. / A morte mais próxima / no marco triste e sem luz da tarde".[145] No dia seguinte são registrados os passeios em grupo, os jogos, os bailes. Uma noite de fogos de artifício, de luzes ao redor do rio. Alguém a beijou. Passam os dias de fevereiro na vida e no diário. Outra vez Idea sai em grupo e vai ao Corso, encontra seus velhos admiradores, dança incansavelmente em outra festa cheia de gente. Todos a rodeiam, a elogiam, a assediam. Conversa, dança de novo, se expõe. Como que *en passant*, escreve: "Sigo separada de tudo". Em 8 de março escreverá outro poema, que parece confirmar o anterior: "Agora sim que estou sozinha / que estou sentindo o silêncio / que estou pesando a sombra / que não peço mais que um nome".[146]

Que sujeito fala ali? De que modo esse poema que diz eu é correlativo ao eu do diário íntimo? Que jogo de sombras especulares cria esta duplicidade ou talvez esta cisão? E como atravessa essa solidão que parece radical, aqueles dias populosos, e depois reaparece buscando um nome, a ânsia da nominação?

Haveria que discernir o sujeito imaginário da poesia de Idea Vilariño não só em todos os enunciados que dizem *eu* no poema, mas também neste *outro eu* que se nomeia no diário e que se escande *dual* nos poemas nos quais se inclui. Talvez não se tratasse de "projetar uma imagem para a lenda", em contraposição a uma vida real que a contradiz, mas sim de que *ambos os eus* – o sujeito do diário que se nomeia Idea Vilariño

145 Idem, p. 111.
146 Idem, p. 114.

e o sujeito do poema que busca um nome ou que se nomeia "essa sou essa é idea" – constroem uma pessoa poética intersticial e produzem entre si uma erosão mútua. A identidade não está dada jamais e nunca é uma essência, mas sim um processo ou um desdobramento diferido. O sujeito nunca se essencializa e por isso dirá: *Não.*

Tempo e sucessão

Essa temporalidade do sujeito imaginário da poesia de Idea Vilariño em seu desdobramento também pode ser percebida na sucessão dos poemas. Refiro-me a essa espécie de relato acerca deste eu ambivalente que se dá na continuidade da leitura completa do volume. A composição da *Poesía completa* é, por um lado, parcialmente cronológica, já que a ordem dos oito livros incluídos é a mesma de sua publicação e se incluem também em uma seção anterior os "Poemas anteriores (1937-1944)" isto é, prévios a *La suplicante* (1945). Por outro lado, como se aponta no prólogo dos editores, os poemas se ordenam nos livros por sua afinidade, não por sua data. Alguns livros de poemas de Vilariño, como *Nocturnos* (1955) ou *Poemas de amor* (1957), terão modificações e incrementos em edições posteriores. Mas interessa observar na edição da *Poesía completa,* a data de composição da maioria dos poemas. Essa data permitiria reconstruir uma continuidade alternativa e, talvez, um relato diverso daquele que aqui propomos – que segue a sequência dos textos em cada livro – ao ordenar os poemas cronologicamente. Um só exemplo: os quinze poemas datados de 1970 formam parte, respectivamente, de *Poemas de amor,* de *Pobre mundo* e de *No.* Em dois dos *Poemas de amor* – "El espejo" e "El ojo" ["O espelho" e "O olho"] –, que *não estão contíguos,* se nota uma possível continuidade dada pelo motivo de um olhar especular e de um olho impiedoso que observa de forma impessoal, de fora. Ou melhor, o motivo da praia que aparece em dois poemas de *Pobre mundo* pode ser a orla do mesmo mar que reluz em dois poemas de *No.* Revelaria essa leitura uma mudança substancial de significado? Tal leitura estaria por ser feita e talvez quebrasse em sua linearidade o caráter concêntrico da estruturação temporal de *Poesía completa*. Mas é conjectura e talvez não seja relevante, porque essa descontinuidade forma parte da própria poética de Vilariño.

A descontinuidade cronológica produz, ao menos, uma diversa sequência significativa – breves séries, súbitas constatações, contrapontos. Por exemplo, o poema 38 de *No*, escrito em 1974, finaliza com esse "tu" que leva "um machado na mão / me ameaçando" (p. 300). No poema 39, escrito em 1964, se lê: "Me cortam as duas mãos / os dois braços / as pernas / me cortam a cabeça / Que me encontrem" (p. 301). O relevante não é tanto a recorrência obsessiva de motivos na poesia de Vilariño, mas o caráter construtivo de todo o conjunto. Esse caráter fortemente estruturado na disposição dos poemas e a constante e cuidada dimensão rítmica são aspectos complementares da dispersão da imagem do eu. E esta participa, também, de uma paradoxal e circular construção da pessoa poética, situada entre a negação e sua sustentação na figura autoral – que o *Diário personal* complexifica –, junto a uma correlativa negação da dita figura de autor dada pelo esvaziamento do eu lírico. Como se a identidade estivesse sempre em processo e como se essa mesma identidade, em estado de catástrofe e de aniquilamento, se oferecesse mediante uma paradoxal vontade afirmativa do nada.

Vontade do nada

No contraponto dado entre o "horror do vazio", tal como se manifesta no poema "No", de *Nocturnos* (p. 120), o "vou morrer" (p. 233) do poema homônimo e o "quero morrer" do poema 26 de *No* (p. 288), se encontra um dar-se da identidade. Na poesia de Idea Vilariño a abolição do eu é volição de um eu que *se diz* ao *se desdizer*:

> **Eu**
> Eu quero
> eu não quero

eu aguento
eu me esqueço
eu digo não
eu nego
eu digo será inútil
eu deixo
eu desisto
eu queria morrer
eu eu eu
eu.
Que é isso.
(p. 297)

Nessa volição Idea Vilariño é nietzschiana. O foi desde cedo, quando, como registra em seu *Diario*, lia *O nascimento da tragédia* ou *A gaia ciência*. Como apontou Larre Borges em seu estudo preliminar a *Diario de juventud*, nesses anos foi menos sua leitora que sua discípula, e acrescenta Larre Borges que "a pegada de Nietzsche em Vilariño espera ser calibrada".[147] Poderia se apontar, por exemplo, que a vontade do nada que percorre a obra da poeta não é um gesto niilista, mas sim a afirmação do aniquilamento como força ativa, aquilo que Nietzsche denominava de *a negação ativa própria dos espíritos fortes*. "A afirmação do fluir e o do aniquilar é o decisivo da filosofia dionisíaca", se lê em *Ecce Homo*.[148] Também, em *A vontade de poder:* "Este perecer se apresenta como a ruína de si mesmo, como a eleição instintiva do que forçosamente destrói.(...) A vontade de destruição como vontade de um mais profundo instinto, o instinto de autodestruição: a vontade do nada".[149] E no prólogo de *Assim falou Zaratustra* se lê: "Eu amo aqueles que não sabem viver senão

147 Ana Inés Larre Borge, "Las confesiones de Idea Vilariño o escribir el propio destino", em Idea Vilariño, *Diario de juventud*, op. cit., p. 30.
148 Friedrich Nietzsche, *Ecce Homo*. Madrid: Alianza Editorial, 1976, p. 70.
149 Friedrich, Nietzsche, *La voluntad de poder*. Madrid: Alianza, 2006, p. 71

para desaparecer, para se anular, pois estes passam para o outro lado".[150] A partir destas e outras citações de Nietzsche, Gilles Deleuze, no apêndice "Ativo/reativo" de *Nietzsche e a filosofia*, comenta essa característica. Deleuze distingue o voltar-se contra si como uma força reativa, mas a autodestruição – essa "vontade do nada" – consiste em negar as forças reativas *para* levá-las ao nada. Trata-se, por isso, de uma "destruição ativa": "a negação" – escreve Deleuze –, "ao fazer-se negação das próprias forças reativas, não é somente ativa, mas está como *transmutada*. Expressa a afirmação, expresso o devir ativo como poder de afirmar".[151] Nisto consiste a Idea do Não, a que nega e se nega para aniquilar-se em uma destruição ativa da posição do sujeito, em uma afirmativa transmutação própria do caráter dionisíaco, para ir mais além de si. O poema é esse mais além. Talvez essa seja uma das lições que Idea Vilariño aprendeu com Nietzsche para constituir esse eu em suspensão de sua poesia. E assim é que para manifestá-lo não se oferecem os poemas em sua linearidade cronológica, mas de um modo cíclico: devem retornar. A poeta é profundamente nietzscheana em sua negação, na negatividade implícita da afirmação, no modo de ser Idea do Não: "Eu honro as perguntas e os paladares seletivos que tenham aprendido a dizer 'Eu', 'Sim' e 'Não". (...) Dizer sempre 'Sim' somente o aprenderam os asnos e os de sua espécie", se lê em *Assim falou Zaratustra*.[152] Um poema de *Nocturnos*, "Pasar" ["Passar"] expressa este paradoxo que quer e não quer, que nega e afirma, que busca o paraíso da negatividade na vontade do nada.

150 Friedrich, Nietzsche, *Así habló Zarathustra*, Barcelona, Planeta-De Agostini, 1992, p. 30.
151 Gilles Deleuze, *Nietzsche y la filosofía*. Barcelona: Anagra ma, 1995, p. 102
152 Op. cit., p. 219. Nietzsche realiza um jogo de palavras em alemão para este fragmento, que se perde na tradução para o espanhol: "*Ich ehre die widerspänstigen wälherischen Zungen und Mägen, welche 'Ich' und 'Ja' und 'Nein' sagen lernten. (...). Immer* I-a *sagen –das lernete allein das Esel, und wer seines Geistes ist!–*" (Friedrich Nietzsche, *Also sprach Zarathustra*. Stuttgart: Reclam, 2005, p. 202). A palavra alemã "ja", "sim" se pronuncia como onomatopeia para o som do burro: "I-a".

esse vazio
mais além do amor
de seu precário dom
de seu não
de seu esquecimento
essa porta sem par
o solitário paraíso.
Quero e não quero
quero
quero sim e como quero
deixe estar assim
esquecer para sempre
dar-me volta
passar
(pp. 103-104)

Ou o breve poema 10 do livro *No*, onde o eu – similar a Odisseu atado no mastro diante do canto das sereias – expressa a volição do não e o desejo de que a sereia o arraste ao fundo do mar, talvez para deixar de ser sujeito e tornar-se, como sereia, ritmo puro, canto, ser fabuloso:

Dizer não
dizer não
atar-me ao mastro
mas
desejando que o vento o volteie
que a sereia suba e com os dentes
corte as cordas e me arraste para o fundo
dizendo não não não
mas seguindo-a
(p. 272)[153]

153 Na entrevista com Jorge Albistur, a poeta o explica assim: "[neste poema] se

A leitura de *Poemas anteriores (1939-1944)* permite compreender as pegadas retrospectivas destes traços segundo esse processo de uma subjetividade imaginária que, por um lado, se desidentifica até dissolver a própria categoria de pessoa e, por outro, se sustenta na projeção atributiva de um eu que se chama Idea e que se encontra em suspensão. O eu se manifesta desde o começo neste primeiro poema – que é também, de um modo sintomático, o primeiro do *Diario* – em uma radical separação: "Sola ["Sozinha"]. Nessa separação, o eu se singulariza, como uma condição prévia de seu desdobramento simultâneo em direção ao nome e ao vazio. Caem sobre si as horas de um tempo obsoleto e sua condição carnal. O corpo é a primeira morada do eu no tempo sucessivo e seu lugar no mundo é a primeira renúncia: na poesia de Vilariño o corpo presente não é irredutível para a vida, mas é campo propício para a declinação e ainda para a mutilação: "Me cortam as duas mãos / os dois braços / as pernas / me cortam a cabeça / Que me encontrem" (p. 301). Desde o começo o corpo se encontra incapacitado, e envelheceu: "Da até medo de seguir / se com tantos anos pesa tanto a vida" (p. 20). "Faz frio, estou velha / e nada vale nada. / (...) / Já não sou eu nem ninguém / Estou desfeita, morta, / não sou nada" (p. 25)

É, então, o corpo o primeiro signo de trânsito em direção a Idea do Não. Surge um gesto metonímico: a mão. Vinculada a uma potência, a uma realização, a mão costuma simbolizar atividade e domínio. E também distingue – síntese do masculino e do feminino – o humano do animal e das coisas. "Agora sou uma mão" (p. 23), escreve Vilariño, como se o eu se cifrasse nessa parcial tentativa de ser. Mas ali fracassa sua própria condição: a mão já não pode agarrar coisa alguma, está vazia e o próprio mundo se subtrai. Surge outra tentativa: ser os olhos. "Agora

---

opõe os dois impulsos, as duas pulsões: o não decidido, a vontade de negação de tudo — 'direi outra vez que não'/ ' retirarei a mão'— o de atar-se ao mastro como um Odisseu que não quer ceder às sereias, e o apego, essa vergonha, o apego à vida, ao amor, aos outros, ao prazer, à luta. Ainda não sei muito bem contra qual dessas sereias me debatia então. Contra todas? (*Idea: la vida escrita*, op. cit., p. 30)

sou uns olhos" (p. 23), lemos. O olhar é constitutivo de subjetividade e, ao conformar seu objeto, também se conforma. Mas esses olhos "se soltam vazios / na luz desolada" (p. 25). A voz, outra tentativa, é aquilo que articula também o subjetivo na língua. Mas a voz está quebrada: "Ouça,/ te falo a duras penas, / com a voz destroçada" (p. 25). Assim, o sujeito como corpo se torna uma "pobre coisa destroçada" (p. 25). Nem mão, nem olhar, nem voz: não há um caminho possível à carnalidade ou à corporeidade para que o eu se arraigue ou receba certa presença. Ou, se há, não é o corpo a sua morada, mas sim a dor:

> esta dor sem ecos,
> de pétala arrancada,
> que às vezes totalmente se esvazia em minha forma,
> que é como uma janela fechada ao infinito.
> esta dor escura, rasgada, delirante,
> esta dor que às vezes tem minha mesma forma,
> que me faz crer que sou,
> sem corpo, sem sentidos, sem dor,
> só um grito na sombra.
> (p. 42)

Poesia e ritmo

E aqui chegamos a um elemento de profunda autoconsciência na poesia de Idea Vilariño: o ritmo. A dimensão rítmica é motivo de constante reflexão e prática para a poeta. Na página 23 de *Idea: la vida escrita* pode-se ver uma mostra minuciosa na qual a poeta aponta seu estudo dos esquemas rítmicos do poema "Blasón", de Rubén Darío. Não é possível compreender a poesia de Vilariño sem levar em conta a dimensão do ritmo. Sempre defendeu fortemente, como na reportagem de 1994, o caráter rítmico do poema, sua condição de "objeto sonoro" e o fato de que, independentemente de seu significado, dependa "de sua organização sonora, de seu ritmo": "um poema é um franco feito sonoro – sons, timbres, estruturas, ritmos. Ou não é", afirmou.[154]

Vilariño observa o erro dos críticos quando sinalizam que a sua poesia é escrita em "verso livre", como se isto implicasse uma espécie de "prosa cortada". A poeta utiliza o ritmo versal, com padrões reconhecíveis, para articular o enunciado poético e ainda substituir a pontuação. Esse ritmo vem frequentemente antes do significado, mas ao mesmo tempo o potencializa. Para dar dois exemplos simples, retomemos dois poemas citados. Aquele poema 10 do livro *No* obtém parte de sua grande força de elocução através do esquema do hendecassílabo que subjaz em sua forma. É fácil reconhecê-lo se unirmos arbitrariamente os versos desse modo, como se fossem cinco versos hendecassílabos – com uma leve licença na sílaba final do segundo – que marcamos entre colchetes, enquanto que as barras mantêm o corte do poema original:

> [dizer não / dizer não / atar-me ao mastro]
> [mas / desejando que o vento o volteie]
> [que a sereia suba e com os dentes]
> [corte as cordas e me arraste ao fundo]
> [dizendo não não não / mas seguindo-a]

Observe-se que o próprio ritmo repõe aquele jogo do ativo e reativo, ou seja, o afirmativo da negação, anteriormente apontado. Enquanto se lê nessa continuidade rítmica, a repetição do negado nega a si: "dizer não / dizer não" significa, *sem o corte do verso*, tanto "dizer *não*" como "*não* dizer não": negação e afirmação. Do mesmo modo, o poema "Eu", antes citado, pode ser lido como um conjunto de sete heptassílabos trocaicos – acentuados na segunda e na sexta sílabas – ou como hemistíquios de três alexandrinos com fortes pausas e um heptassílabo final:

> [Eu quero / eu não quero / eu aguento / eu me esqueço]
> [eu digo não / eu nego / eu digo será inútil]

154 *Idea: La vida escrita*, op. cit., p. 21.

[eu deixo / eu desisto / eu queria morrer]
[eu eu eu / eu. / Que é isso?]

Simultaneamente há um ritmo interno que oferece outras simetrias na alternância de versos de três e quatro sílabas: "eu quero / eu não quero" ou "eu aguento / eu me esqueço". Também a repetição anafórica se realiza no vocábulo principal do poema, que encabeça o título: "Eu". Esse uso do ritmo converte este poema em uma pequena obra-prima. Porque a relativa regularidade a que se submete seu significado – esse eu que atua e que ao mesmo tempo nega toda a ação – se quebra, tal como se quebrasse uma música e se demorasse. O leitor tem, na progressão rítmica do poema, essa expectativa de uma alternância de três ou quatro sílabas – que somam sete – e um heptassílabo: "eu deixo / eu desisto / eu queria morrer", quando subitamente se repete outro verso de três sílabas, "eu eu eu", mas o que segue já não tem quatro, mas apenas uma única sílaba: "eu". No ritmo quebrado, então, esse eu isolado se contamina de falta de sentido *como se o próprio ritmo o diluísse*. Como se ali mesmo a ruptura rítmica quebrasse o último fundamento desse vocábulo fantasmal: *eu*. Como um tilintar, basta que se repita frequentemente para que deixe de significar. E em seu lugar, como verso final, aparecerá a dissolução de todo o sentido: "Que é isso".

Assim reconhecemos que na poesia de Vilariño *o ritmo é anterior ao significado* e tal ritmo ao mesmo tempo exalta e dilui o eu. Por um lado se nega e, por outro, se expande o ritmo. Enquanto o eu perde sua *individuação egoica* em seu próprio devir, o recupera na *plenitude ayoica*[155] de uma música verbal. A música se desdobra no tempo e o eu se recolhe ou subtrai – "vazio" ou "morte", nos termos da poeta – nesse mesmo movimento. Além disso, a persistência destas métricas básicas – o heptassílabo que conforma, duplicado, o alexandrino; ou

155 Acreditamos ter relação com o Almismo Ayoico de Macedonio Fernández. Este termo "ayoico" é uma criação de Macedonio Fernandez e não possui equivalente em português. (N.T.)

o hendecassílabo – acentua o outro ritmo, rupturista, que divide cada metro em unidades menores. Esse caráter é típico de muitos poemas de Vilariño que, também através de um notável jogo rítmico, alcança este outro paradoxo: tornar *inesquecível* o eu submetido ao esquecimento.

Outra vez Nietzsche é de todo familiar à poeta. Como destacou Rafael Gutiérrez Girardot, para Nietzsche a música é a negação do princípio de individuação e essa noção integraria a doutrina do dionisíaco. Posto que para o filólogo "o estudo da música desde a perspectiva da linguagem é a métrica", é sintomático que os textos de Nietzsche anteriores a *O nascimento da tragédia* tenham sido, por um lado, "O ritmo grego", "Teoria do ritmo métrico" e "Investigações rítmicas", e, por outro, seu *Visão dionisíaca do mundo.*[156] No capítulo 5 de *O nascimento da tragédia,* Nietzsche evoca Friedrich Schiller quando reconhece que o estado prévio ao ato de poetizar não consiste em uma série de imagens ou de pensamentos, mas em um "estado de ânimo musical", e depois identifica o poeta lírico com o músico. A identificação do artista dionisíaco com o Uno primordial produz uma réplica da dita unidade sob a forma rítmica e essa música se faz visível de novo como uma "imagem onírica simbólica". A imersão rítmica no Uno supõe o processo dionisíaco no qual "o artista abandonou a subjetividade": "o 'eu' do lírico ressoa, pois, a partir do abismo do ser: sua 'subjetividade', no sentido dos estéticos modernos, é pura imaginação".[157] As imagens do lírico são objetivações de si mesmo e por isso lhe é lícito dizer "eu", mas não se trata de um eu empírico-real. Ainda que o gênio lírico e o não gênio real pareçam a mesma coisa, estão divididos:

> Ainda quando pareça que o gênio lírico e o não gênio unido a ele são a mesma coisa, e que o primeiro, ao dizer a palavrinha "eu", a diz de si mesmo: essa aparência já não poderá seguir nos

156 Ver Rafael Gutiérrez Girardot, *Nietzsche y la filología clásica.* Bogotá: Panamericana Editorial, 2000, p. 112.
157 Friedrich Nietzsche, *El nacimiento de la tragedia.* Madrid: Alianza Editorial, 1991, p. 63.

> induzindo agora ao erro, como induziu indubitavelmente a quem tenham qualificado de artista subjetivo ao lírico.[158]

Quando Vilariño – leitora jovem de *O nascimento da tragédia* – afirma que, ante a iminência do poema o ritmo vem primeiro, reconhece a precedência desse "estado de ânimo musical". Ao utilizar as duas grandes métricas tradicionais dos versos da arte maior em língua espanhola, o hendecassílabo e o alexandrino – ou melhor, o heptassílabo em cada um de seus hemistíquios –, que divide em "unidades menores", a poeta une o lírico ao musical como fundamentos de uma perda da individuação. Essa perda supõe, tal como o advertia Nietzsche, o reconhecimento de um sujeito imaginário que se desidentifica acerca do sujeito empírico e que, ainda assim, se nomeia como um *eu*. O processo reativo e ativo que antes descrevi, se homologa então com estes ritmos clássicos cuja harmonia se quebra e perturba em unidades menores.

Está por se estudar, então, talvez com estas premissas, o desdobramento rítmico de toda a obra poética de Idea Vilariño. Porém não cabe dúvida de que a condição rítmica unida à perda da subjetividade se encontra desde seus primeiros poemas. Em um poema de 1941 se contrapõe a música harmoniosa e ritmada da chuva a "um ruído de pérolas contra o fundo de um cofre" e a um silêncio do eu:

> Dentro de mim não há ruídos.
> Há cântaros vazios, campanários em ruínas,
> fogueiras apagadas, há esgotadas minas
> brancos olhos de estátua, grandes estrelas ocas,
> relógios sem ponteiros e livros sem palavras
> e violinos sem cordas
> (p. 28)

158 Idem, p. 64.

Neste poema pode se observar a contraposição entre uma dimensão harmoniosa do mundo – na qual o ritmo universal surge através da chuva como um padrão – e um sem ritmos onde prevalece o silêncio. Ao observar o uso franco do alexandrino ou do hendecassílabo em outros versos do período, pode-se conjecturar que essa primeira divisão entre u mundo ritmado e um eu sem ritmo começa a desmoronar quando o sujeito tenta unir-se ao mundo para alcançar assim uma identidade com as coisas, ou através das coisas, já que não a possui. Aquela organicidade inicial que morre ou caduca, o fracasso do corpo como sustento do eu, se estende agora em direção ao mundo como uma incógnita da sobrevivência:

> Todo corpo em direção a quê
> como um buquê de lilases
> como uma rosa vermelha
> como um jasmim sedento.
> Todo corpo em direção a quê.
> (p. 31)

Nesses poemas iniciais as métricas clássicas se manifestam sem nenhuma alteração. O próximo passo é o de uma imersão do sujeito na harmonia rítmica para encontrar algum modo possível de identidade:

> Talvez pudesse subir como uma flor ardente
> ou ter um destino profundo de sementes
> em vez desta terrível lucidez amarela
> e deste estar estátua com os olhos vazios.
> Talvez pudesse dobrar este destino meu
> em música inefável. Ou necessariamente...
> (p. 41)

A capacidade do eu de se desdobrar em música é o começo de uma mutação. O ritmo que atravessa todo o poema encontra-se na irrupção da forma adverbial – "Ou necessariamente..." –, uma certa interrupção, um corte expectante não resolvido. A mesma coisa acontece naquele outro poema que começa: "Sim. Há uma mulher que às vezes abre um piano / ou se abraça a um violino melancolicamente" (p. 45). Nesse ponto de fusão com o ritmo o eu perturba o ritmo dado e impõe *outro*: um ritmo que se quebra, e que se sustenta ainda a harmonia propícia – manifesta nas métricas clássicas –, esta mesma se decompõe, se altera, se desdiz.

Nesse lugar de tensão rítmica sustenta-se o eu da poesia de Vilariño e se abre, então, a ferida do ritmo em uma identidade vacilante. Nos poemas de 1943 e 1944 esta ruptura já é notada:

> campanas dilatadas,
> estrelas dormentes,
> teimosos deuses lutando para ficar no meu peito,
> mãos unidas
> e nomes
> que nunca mais direi.
> (p. 49)

E finalmente, em um processo rítmico que poderia se seguir até *Pelo ar sujo*, essa harmonia antiga se transmuta completamente e se dissolve em um novo ritmo, que se rasga e interrompe em sua própria alteridade:

> Cai o outono
> cai um aceso
> o ar amargo de
> o ar amargo
> a suspeita de um anjo devorador
> uma fruta de horror
> um símbolo ardente.
> (p. 77)

Aquela demanda da vida em seu ritmo irreal já em *Nocturnos* – o condicional e o subjuntivo prevalecem nesse livro – e entra no não saber, que carece de expectativa: "O que foi a vida / o que / que maçã podre / que sobra / que desperdício" (p. 85). Como se fossem as ruínas ou os restos de uma harmonia destronada, o poema de Vilariño alcança desde então o tremor da incerteza e, com ela, a assunção do Não, que é também a de *outro* ritmo, oralizado, de medido solipsismo, de melancolia egoísta, de clausura:

A última palavra

> Que não me importa
> digo repito explico
> que não me importa
> grito
> que não me importa.
> Não me importa
> não quero
> direi outra vez que não
> retrairei a mão
> não voltarei a aceitar
> Digo que não me importa
> e ainda que me desdissesse
> seguiria sendo essa
> a única verdade
> a última palavra
> (p. 123)

Amor e vazio

Na constituição subjetiva da poesia de Vilariño há outra passagem fundamental. O corpo não apenas tende para o quê, mas para *quem*. Não apenas se encontra o apelo ao mundo e a uma música, mas ao outro do amor. Assim, a dimensão amorosa faz parte da constituição da subjetividade imaginária, mas, mais uma vez, esse movimento não preenche o assunto, e sim o esvazia.

No *Diario de juventud* se encontra um primeiro registro, de 1938. Na terça-feira, 6 de setembro, se anota o olhar "de um homem bonito, alto, bigode e cabelos pretos, muito elegante. Me olha da cabeça aos pés com um olhar de admiração, que me deixa satisfeita de mim, dele e do mundo. Vale a pena viver para receber um olhar desses alguma vez."[159] Em seguida, há um poema, "24 horas", que fala desse olhar passageiro que constitui a subjetividade. Interessa notar a inversão do tópico do olhar passageiro no espaço urbano que manifesta Baudelaire com o poema "A une passante", em *Les fleurs du mal.* Aquele primeiro verso perfeito do poema onde a cidade vibra ("*La assourdissante rue autour de moi hurlait*", "a rua ensurdecedora em torno de mim gritava") é o marco sonoro no qual o sujeito descobre, como num relâmpago, o olhar da mulher que passa rapidamente: "*Moi, je buvais, crispé comme un extravagant, / dans son oeil, ciel livide où germe l'ouragan, / la doucer qui fascine et le plaisir qui tue*" ["Eu bebia, trêmulo como um extravagante, / em seus olhos, céu lívido onde cresce o furacão, / a doçura que fascina e o prazer que mata"].[160] O contato que possibilita o renascimento do sujeito ocorre a partir do súbito olhar da beleza fugidia.

No poema de Vilariño, no entanto, é a mulher que procura estabelecer seu eu na busca de um nome, que lhe é desconhecido. De repente, subitamente, encontra no anonimato outro modo de constituição, quando seu olhar se entrecruza com o de outro, o homem, e, em seguida, evoca:

E teus olhos sombrios
e meus olhos,
tremendo no momento,

159 *Diario de juventud*, op. cit., p. 123.
160 Charles Baudelaire, *Les Fleurs du Mal.* Édition de Claude Pichois. Paris: Gallimard, 2014, p. 127. Tradução minha.

> transformavam para toda a vida
> suavemente,
> minutos que poderiam ser vazios
> um acontecimento.
> Ah! Eu não pedia mais que um nome
> para meus versos
> e tu pedias meus lábios
> para aquecer seus dias. (...)
> Mas não,
> não quero dar-te nada,
> não posso,
> mais que minha mão amiga e minha palavra
> (pp. 123-124)

Outra vez a matriz da subjetividade imaginária primeira da poesia de Vilariño se registra no diário pessoal e se transfigura. E, além disso, se constitui invertendo os lugares habituais do discurso poético amoroso. A mulher se encarna ativamente no entregar-se a um tu e ao mesmo tempo se subtrai, porque também deve se conformar em uma negatividade ativa. A vasta dimensão amorosa de toda a poesia de Vilariño poderia ser esvaziada de pessoa e referente – Claps, Onetti –; poderia inclusive ser privada de circunstância.

> Nunca menti em um poema – declarou a poeta. – Mas houve uma espécie de engano, de equívoco para quem lesse os *Poemas de amor*, que provêm de terem sido quase sempre escritos no auge da dor ou da desesperança. E então as horas de paixão, de plenitude, de amor compartilhado, a espera completa apenas se mencionam. Talvez a felicidade não se escreva. Pelo menos no meu caso. Existem muito poucos poemas felizes; nenhum deles tem a ver com o dono da dedicatória.[161]

161 *La vida escrita*, op. cit., p. 32.

Mas não poderia ser de outra forma. Isso não significaria que a anedota é irrelevante? Na cronologia irregular dos *Poemas de amor*, por exemplo, o sujeito feminino sonha, no poema "Anoche" ["Ontem à noite], de 1990, o fantasma do amante morto:

Ontem à noite entre meus sonhos
punhado de cinzas
fiz amor com você
sereno e gostoso
com você que faz tanto
faz tanto está morto.
(p. 200)

e no poema final, "El amor", de 1955, lê-se:

Amor Amor
jamais te apressarei
já não saberei como eras.
Não terei vivido um dia
uma noite de amor
uma manhã
não conheci jamais
não tive ninguém
ninguém nunca se deu
nada foi meu
nem me apagou do mundo com seu sopro.
(p. 207)

Essa sucessão simples não prova que esse tu do vínculo amoroso é outra forma da ausência que, no entanto, se sustenta como uma apelação? Não é também o discurso do amor a constituição de um *eu* vazio na máxima alocução de um tu?[162] Na poesia de Vilariño, esse tu da intensidade amorosa, o tu do desejo e da espera, o tu da memória e os corpos assertivos e a sombra no umbral, é, ao final, *ninguém*:

> Nem tu
> ninguém
> nem tu
> que me pareceu
> menos que ninguém
> tu
> menos que ninguém
> menos que qualquer coisa da vida
> e já são pouco e nada
> as coisas da vida
> da vida que pôde ser
> que foi
> que já nunca poderá voltar a ser
> uma explosão
> um peso
> uma moeda viva e válida.
> (p. 149)

Assim também os poemas de Vilariño constituem o prodígio de uma poesia que todos os seus leitores projetamos como uma espécie de tensão sentimental – os grandes amantes que assinam os nomes na autoria e na dedicatória, Onetti e Vilariño – na qual o tu não só *não transcende* ao eu, mas também o duplica no vazio. Não é um eco do eu, mas uma ressonância da mudez, mesmo nos poemas em que os dois falam e sussurram, mesmo nos poemas de uma felicidade completa.

162 "*Eu* – escreve Émile Benveniste – coloca outra pessoa, aquela que, exterior e tudo para 'mim', se torna meu eco a quem digo *tu* e que me diz *tu*. (...) 'ego' sempre tem uma posição de transcendência com respeito a um *tu* "(*Problemas de lingüística general*, I. México: Siglo XXI, 1991, p. 181).

Esta ambivalência é, novamente, o modo como a dimensão amorosa abre o Não. Mas nessa negação do eu nada alcança uma presença mais poderosa que esse sujeito imaginário, em suspenso, e que nitidamente sobreimprime um nome à negação.

Assim regressa incessantemente, retorna na forma de um ritmo que ama: Idea, Idea, Idea do Não.

A POESIA COMO ATO

Rimbaud, Hofmannsthal, Artaud, Pizarnik, Pavese

Nunca seremos suficientemente enfáticos ao repetir a vertigem que acrescenta à modernidade a frase de Rimbaud escrita nas cartas do vidente de 1871: *je est un autre*. Eu é outro. Faz dele um menino quase iluminado, como se algo falasse nele, como se essa frase justificasse o que ele afirma também: "Eu penso, mas seria melhor dizer: *se* me pensa" [*"Je pense: on devrait dire: On me pense"*].[163] Como se reconhecesse que essa outridade pensasse no um e que, por isso, estivesse quebrada para sempre, não só na primeira pessoa, mas sobretudo no rasgo que lhe abre uma terceira: esse eu é um outro, não um si mesmo.

A partir da descoberta freudiana que muda para sempre a própria noção de subjetividade até as pluralidades, as heteronimias, os apócrifos ou a arte baldia da impessoalidade na arte, a divisão do eu condicionou toda a poesia do século XX desde aquele arauto negro chamado Rimbaud. Essa dissociação é tão poderosa que atravessa diversos territórios e atinge também a poesia argentina. Posso dar três exemplos famosos – e talvez óbvios para diferentes gerações de leitores argentinos. O primeiro é de 1956 e é o último poema do segundo livro, *La última inocencia*, de uma poeta então muito jovem chamada Alejandra Pizarnik.[164] O poema é chamado "Sólo un nombre", e diz:

163 Arthur Rimbaud, *Oeuvres Complètes*. Edição organizada por Pierre Brunel. Paris: La Pochothèque/Le Livre de Poche, 1999, p. 237. A frase corresponde à carta a Georges Izambard de 13 de maio de 1871. Minha tradução.

164 O título foi tomado por Pizarnik de uma frase de Arthur Rimbaud na seção *"Mauvais sang"* ["Sangue mau"] de *Une saison em enfer* [Uma temporada no inferno]: *"La dernière innocence et la dernière timidité"* ["A última inocência e a última timidez"], idem, p. 415. Tradução minha.

alejandra alejandra
debaixo estou eu
alejandra[165]

Essa condensação talvez tenha sido prevista em uma anotação no diário, de 5 de julho de 1955, próxima à redação do poema:

> Tudo está tão longe! A cidade. A viagem. A conversa insípida. O estudo. O leito. Meu Deus! Eu me mataria para não sentir mais. Mas não. Impossível morte mais profunda que esta! Eu me sinto como Roquentin, como Connolly, como... Por que não dizer como Alejandra? Não! Alejandra é muito perigosa. É capaz de ser feliz no segundo mesmo em que venha o rapaz e acenda sorridente o cigarro. Alejandra! Alejandra! Piedade por teu espírito! Alejandra! O que será de ti, sozinha nesta morte espasmódica? Nesta lugubridade fumegante? Neste fogo sem iluminação! Alejandra! Pense na sua alma.[166]

A repetição do nome próprio no poema de *La última inocencia*, escrito em letras minúsculas, está localizado exatamente antes do verso que se segue, no qual o eu está registrado sob o nome duplicado e que forma um triângulo – inclusive gráfico – com o nome final: alejandra. Um eu, repetido em três *alejandras*, como se fosse um espelho triplo, anunciando esse modo no qual o sujeito da poesia de Pizarnik não é um duplo, como se costuma pensar, mas uma tríade: o eu, seu duplo e o vazio. Esse vazio replica o sujeito no nome e ausenta o sujeito de si, quando a linguagem não apenas não realiza todas as coisas que nomeia,

165 Alejandra Pizarnik, *Poesía completa*. Edição de Ana Becciú. Barcelona: Lumen, 2007, p. 65.
166 Alejandra Pizarnik, *Diarios*. Edição de Ana Becciú. Barcelona: Lumen, 2016, p. 57. Todas as referências dos *Diarios* de Alejandra Pizarnik correspondem à mais recente edição, corrigida e ampliada por Anna Becciú, que foi lançada em 2013, seleção do *corpus* diarístico que se encontra na Universidad de Princeton. Em todas as referências a este texto citaremos o número da página.

como também as deixa de fora. Nos *Diarios*, a que assina Alejandra Pizarnik – e já havia deixado de usar o nome Flora – escreve na mesma frase *já desdobrada*: é o duplo, fala a um tu e então é, após o ponto, a primeira pessoa.[167] Assim, escreveu em seu diário em 6 de novembro de 1962: "Por causa do vazio, por causa de *tua* possibilidade de apoderar-te da linguagem. A linguagem *me* é distante. Esta é *minha* doença. Uma afasia confusa e dissimulada. (...) Tudo tem um nome, mas o nome não corresponde à coisa a que me refiro. A linguagem é um desafio para mim, um muro, algo que me expulsa, que me deixa de fora" (p. 519, grifo meu). O diário era a outra parte, o lado escuro da lua desse sujeito que se nomeia Alejandra como uma morta antecipada. Em 22 de agosto de 1962, escreveu: "Eu me sinto morta, ou melhor, um peso morto, algo enormemente pesado, não meu corpo, mas isto que se chama *eu*. Até quando me chamam pelo meu nome, até quando dizem Alejandra, me sinto cair sem forças para suportar o meu nome e com muito menos forças, ainda, para responder ao chamado" (p. 479).

O segundo exemplo é publicado poucos anos depois, em 1960, e pertence a um homem famoso, de sessenta e um anos à época: Jorge Luis Borges. Em *O fazedor* aparece uma prosa perfeita: "Borges e eu", onde o sujeito afirma que *ao outro*, alguém chamado da mesma maneira, "Borges", a esse *outro* que é *o mesmo* acontecem as coisas; alguém que o repete em seus hábitos, que o enuncia e o usurpa como um impostor e que inscreve nessa primeira pessoa uma frase absolutamente dupla, indecidível: "Não sei qual dos dois escreve esta página".[168]

O terceiro exemplo pertence a um poeta emblemático de sua geração, dos anos noventa, e é o prólogo à sua poesia reunida durante uma década, publicada quando ele tinha quarenta e cinco anos, em 2010: *Horla City y otros*, de Fabián Casas. Este poeta, que tinha feito do imediatismo de Boedo um cenário reconhecível, estranha todo seu

167 Sobre a questão do nome em Pizarnik, ver o ensaio "Testimoniar sin lengua" em Tamara Kamenszain, *La boca del testimonio: lo que dice la poesía*. Buenos Aires: Norma, 2007.
168 Jorge Luis Borges, *El hacedor*. Buenos Aires: Emecé, 1967, p. 72

falar realista, inspirado naquele conto de Maupassant chamado "Le Horla", onde alguém progressivamente é falado *por outro que o possui.* O prólogo de *Horla City* se chama "La voz extraña" e diz que o ego está cheio de vozes, como discursos sociais que o atravessam, mas em paralelo há uma voz mais antiga e poderosa que nele se manifesta e que está relacionada à poesia:

> (...) paralelamente a estes sons, se engendra outro tipo de diálogo. Há alguém falando conosco desde o início dos tempos, mas poucas vezes intercepta nossos destinos. Quando isso acontece, o mundo se torna um lugar escuro e perigoso, onde também está a salvação. A isto, que chamarei de Voz Estranha, não se pode definir, mas se reconhece. Tem as características da poesia. E às vezes é possível isolá-la do incessante sussurro do nosso ego. Desde o momento em que nos levantamos até irmos dormir, a máquina se põe a funcionar e nosso diálogo interno é ativado. Esse diálogo constrói o mundo em que vivemos. Nos diz quem somos, que coisas temos que conseguir e faz com que o sigamos ao pé da letra.[169]

Volto a Rimbaud e releio uma das duas "Cartas do vidente" para compreender algo perturbador nos três textos. Não é sobre aquilo que parece óbvio: que essa voz estranha e que esses múltiplos nomes e que esse eu duplicado ou triplicado não parecem se encarnar, e sim transformar o sujeito, esvaziá-lo de *si mesmo*, convertê-lo em uma irrealidade que se sustenta mais além da figura que a mantém como um feito da linguagem. Seria uma "dessubjetivação" ou, em outras palavras, uma objetivação do eu. O eu não seria um sujeito, mas um objeto na língua. Na primeira das duas "cartas do vidente" Rimbaud diz que despreza a poesia subjetiva e sentimental que praticava seu destinatário, o pro-

169 Fabián Casas, *Horla City y otros. Toda la poesía 1990-2010.* Buenos Aires: Emecé pp. 200-201.

fessor Georges Izambard, e anuncia a esperança na poesia objetiva: "(...) sua poesia subjetiva sempre será terrivelmente sem graça. Um dia, espero – muitos outros esperam o mesmo –, verei a poesia objetiva em seu início, e a verei com maior sinceridade do que você o faria!".[170]

O que significa isto? Vejamos em um exemplar do Dicionário Larousse do século XIX, ou seja, contemporâneo de Rimbaud, como as palavras *subjetivo* e *objetivo* são definidas, atendendo à questão terminológica. Diz: "Se chama *sujeito* o espírito consciente, o eu".[171] Mas o *eu* se escreve ali *le moi*. Não era disso que Rimbaud estava falando: *le je*, em *Je est un autre*. Ou seja, Rimbaud estaria falando desta função do sujeito da enunciação, que é chamado mais tarde por Roman Jakobson o *shifter*, forma vazia que aparece apenas no próprio ato da enunciação, no ato de dizer *eu*, como também ensinou Émile Benveniste: é eu quem diz eu no momento da sua elocução.[172] Portanto, Rimbaud não registra o *moi*, mas o *je*: está escapando dessa subjetivação do *moi* em direção a uma *objetivação do sujeito*, ou seja, de um deslocamento do sujeito para descentralizá-lo e *torná-lo objeto*, e, desse modo, libertá-lo de todo o lastro pessoal: *dessubjetivá-lo*. Poderíamos falar de uma extraordinária antecipação de Rimbaud: Jacques Lacan defende que a descoberta freudiana do inconsciente removeu o eu do lugar central que a filosofia ocidental lhe atribuía desde Descartes. Lacan afirma, como Dylan Evans aponta, que "o eu não está no centro, que o eu é na realidade *um objeto*". Esse *shifter* inclusive aparece como um problema terminológico na teorização de Jacques Lacan para falar sobre a diferença entre o *je* e o *moi*.[173] No seminário 2, *O eu na teoria de Freud e na técnica psica-*

170 "*Sans compter que votre poésie subjective será toujours horriblement fadasse. Un jour, j'espère, — bien d'autres espèrent la même chose, — je verrai dans votre principe la poésie objective, je la verrai plus sincèrement que vous ne le feriez*" (Arthur Rimbaud, op. cit., p. 237. Tradução minha.)
171 "*On appelle* sujet *l'esprit conscient, le moi*". Ver a definição em: Pierre Larousse, *Grand Dictionnaire Universel du XIXe Siècle*, Paris, 1874, p. 1194).
172 Ver Emile Benveniste, *Problemas de linguística general*, I, Buenos Aires, Siglo veintiuno editores, 1991. Também trato destas questões no ensaio "¿Quién dice *yo*? (Bernard Nöel)" incluído neste volume.
173 Desde muito cedo em sua obra, Lacan joga com o fato de que a palavra

nalítica, Lacan diz: "A descoberta de Freud tem exatamente o mesmo sentimento de descentralização que traz a descoberta de Copérnico. A expressa muito bem a brilhante fórmula de Rimbaud – os poetas, que não sabem o que dizem, mas sempre dizem, como é sabido, as coisas antes dos outros: *Je est un autre* (eu é outro)".[174]

Volto ao *Grande dicionário universal do século XIX*, de Pierre Larousse: "Se chama sujeito o espírito consciente, o *eu*, *le moi*, qualquer que seja. Entende-se por subjetivo o que pertence ao sujeito pensante e por objetivo o que pertence ao objeto do pensamento, ao *não eu*".[175] Então, na passagem da poesia subjetiva para a objetiva haveria uma passagem do *eu* ao *não eu*, mas talvez não como posição, e sim como superação até uma – como chamaria Georges Bataille – "continuidade do ser." Ou seja, a ruptura do princípio de individuação para mergulhar em uma espécie de totalidade que poderíamos chamar de *a língua*, mas também

alemã usada por Freud para o eu (*Ich*) pode ser traduzida para o francês de duas maneiras: *moi* (que era a versão usual adotada pelos psicanalistas franceses) e *je*. (...) Por exemplo, em seu artigo sobre o estádio do espelho, Lacan oscila entre os dois termos. (...) Foi a publicação do trabalho de Jakobson sobre *shifters*, em 1957, que lhe permitiu teorizar mais claramente essa distinção; em 1960, Lacan refere-se ao *Je* como SHIFTER, na medida em que designa, mas não significa ao sujeito da enunciação (Écrits, 298). A maioria das traduções inglesas deixa claro o uso de Lacan traduzindo *moi* como "*Ego*" e *je* como "*I*". Em espanhol, a palavra "eu" é geralmente acompanhada pela voz francesa correspondente, entre parênteses". (Dylan Evans, *Diccionario introductorio de psicoanálisis lacaniano*. Buenos Aires: Paidós, 2008, p. 197).

174 Jacques Lacan, *El Yo en la teoría de Freud y en la técnica psicoanalítica: 1954-1955 (El Seminario, 2)*. Edición de Jacques-Alain Miller. Buenos Aires: Paidós, 1983, p. 17.

175 O parágrafo completo diz: "*Les mots* objet *et* sujet *sont deux termes corrélatifs qui ont donné naissance aux mots* objectif *et* subjectif, objectivité *et* subjectivité. *Ils correspondent à la première, à la plus importante distinction de la philosophie; ils expriment l'antithèse originaire du moi et du non-moi dans la conscience; distinction qui, en fait, comprend toute la science de l'esprit, car la psychologie n'est pas autre chose que la determination du* subjectif *et de* l'objectif *en eux-mêmes et dans leurs relations mutuelles. En résumé on appelle* sujet *l'esprit conscient, le moi;* objet, *la chose, quelle qu'elle soit, dont l'esprit à conscience. On entend par* subjectif *ce qui appartient au sujet pensant, au moi, et par* objectif *ce qui appartient à l'objet de la pensée, au non-moi*" (Pierre Larousse, op. cit., p. 1194. Tradução minha).

podemos chamar de "o ser" ou "o ser linguístico", ou a "exterioridade". Gérald Schaeffer, em um dos comentários à sua edição das cartas do vidente, aponta que o sonho de Rimbaud era fundir em uma obra o eu e o não eu, e, como o poeta futuro que aspirava a encarnar quando trabalhava em uma estética nova, desejava superar o divórcio entre os dois polos.[176]

Se trataria, então, de uma consciência do objetivo em uma obra materialista. Assim, o mais íntimo se revelaria como o objetivo e o exterior, e a interioridade subjetiva seria esvaziada em direção a uma outridade. Daí então essa dissociação do eu em direção a uma palavra que o objetifica, que é como a passagem de uma voz que foi própria a uma voz que fala ao sujeito em sua outridade. Disto falará Paul Valéry, em sua primeira lição de poética no Collège de France: o poema que põe em jogo uma ou mais vozes supõe uma relação contínua *entre a voz que é* e *a voz que vem* e *que deve vir*.[177] Voltarei a isso, mas há um aspecto que parece inquietante, uma passagem, uma materialidade de outro tipo que não a materialidade do significante. Porque Rimbaud afirmava que para fazer essa passagem e tornar-se poeta – a passagem do "eu é outro" – deve-se realizar um *ato*, uma ação, uma atividade. Diz:

> Agora, eu me encrapulo o máximo possível. Por quê? Quero ser poeta, e eu trabalho para me tornar-me *Vidente*: você não o entenderia totalmente, e eu dificilmente poderia explicar-lhe. Trata-se de chegar ao desconhecido pelo desarranjo de *todos os sentidos*.

176 Arthur Rimbaud, *Lettres du Voyant (13 et 15 mai 1871)*. Editadas e comentadas por Gérald Schaeffer. Gèneve: Livrairie Droz, 1975, p. 120.
177 "*Un poème est un discours qui exige et qui entraîne une liaison continuée entre la voix qui est* et la *voix qui vient* et *qui doit venir. Et cette voix doit être telle qu'elle s'impose, et qu'elle excite l'état affectif dont le texte soit l'unique expression verbale*" ["Um poema é um discurso que exige e que entranha uma relação continuada entre a voz *que é* e a voz *que vem* e a *que deve vir*. E dita voz deve ser de tal modo que se imponha e que excite o estado afetivo cuja única expressão verbal seja o texto"]. "*Première leçon du cours de poétique*" (1937), en Paul Valéry, *Oeuvres*, I. Edição de Jean Hytier. Bibliotèque de La Pléiade, 148. Paris: Gallimard, 1957, p. 1349. Tradução minha.

> Os sofrimentos são enormes, mas é preciso ser forte, ter nascido poeta, e eu me reconheço poeta. Não é de todo culpa minha. É falso dizer: eu penso; seria melhor dizer: *se* me pensa – desculpe pelo jogo de palavras.[178]

Isso significa que há uma ação, um *ato* para se tornar um poeta. Em Rimbaud, esse ato consiste em "encrapular-se", realizando um desarranjo racional de todos os sentidos. *Tous les sens*: isto é, de todas as sensações ao mesmo tempo que os sentidos. Chego aqui ao ponto que quero confirmar, ou melhor, perguntar: o sentido poético, entendido como direção e ao mesmo tempo como significado, implicaria para essa *dessubjetivação* do poeta moderno – para a dissociação, para o rompimento e para a passagem à outridade – não apenas um enunciado pelo qual o eu esvazia-se para ser o outro, aquilo outro, mas também exige um ato, uma ação? Como se *esse ato* sustentasse toda essa passagem ou talvez como se a própria passagem *engendrasse o ato*? Quando li *Hospital Británico*, de Héctor Viel Temperley, fiquei me perguntando exatamente isso, já que era a inscrição de uma agonia, do mesmo modo que em *Diario de muerte*, de Enrique Lihn: de que modo esses textos não contam, para fundamentar sua própria singularidade, com a morte *efetiva* do autor? Não obtêm toda a sua força desse fato documentado, incontestável, que o poema anuncia e que o autor cumpre? Acredito que isso complexifica a relação entre poesia e experiência vivida.[179]

178 "*Maintenant, je m'encrapule le plus possible. Pourquoi? je veux être poète, et je travaille à me rendre* voyant: *vous ne comprendrez pas du tout, et je ne saurais presque vous expliquer. Il s'agit d'arriver à l'inconnu par le dérèglement de tous les sens. Les souffrances sont énormes, mais il faut être fort, être né poète, et je me suis reconnu poète. Ce n'est pas du tout ma faute. C'est faux de dire: je pense: on devrait dire: On me pense. — Pardon du jeu de mots*". (Rimbaud, *Oeuvres Complètes*, op. cit., p. 237. Tradução minha. Gérald Schaeffer propõe o neologismo "*s'encrapuler*" (encrapular-se), mistura dos vocábulos "*crapuler*" (viver crapuloso, dissipado, desonesto) e "*s'encanailler*" (se encanalhar) (Rimbaud, *Lettres du Voyant (13 et 15 mai 1871)*, op. cit.).

179 Trato destas questões no meu ensaio "Falar até a morte (Enrique Lihn)" e "O corpo como profecia" (Viel Temperley)", incluídos neste mesmo volume.

O ato que promove Rimbaud – *s'encrapouler*, "encrapular-se" – significa mergulhar na degradação, o que supõe alcançar uma espécie de dissolução do eu através de uma ascese do corpo por meio do excesso, da dor, do desgosto, da vergonha, do terror, do delírio, do frenesi ou da náusea unidas ao deleite e ao erotismo, aquilo que muitos anos depois Georges Bataille procuraria para encontrar *o outro* da razão.[180]

Esta cena aparece frequentemente nos poemas de Rimbaud, mas supõe uma atividade, por exemplo, nos textos nos quais se manifesta uma profunda rejeição ao cristianismo, vinte anos antes de *O anticristo*, de Nietzsche, e é também um acerto de contas com o catolicismo militante de sua mãe, como no início do poema "Les poètes de sept ans" ["Os poetas de sete anos"]: "E a mãe, fechando o livro do dever, / ia-se satisfeita, orgulhosa, sem ver / nos olhos azuis e na face deformada / a alma de seu filho liberta a repugnâncias".[181] A criança entregue a desfrutar das latrinas assemelha-se à mulher que recorda sua primeira comunhão no poema "Les premières comunnions" ["As primeiras comunhões"], que diz: "Eu era muito jovem e Cristo manchou minha alma / e até o meu pescoço me encheu de asco! / (...) / E meu coração e minha carne por sua carne abraçada / formigaram pelo pútrido beijo de Jesus!".[182] Essa mesma lógica do abjeto perpassa o texto de Artaud "Pour en finir avec le jugement de Dieu" ["Para acabar com o julgamento de Deus"]. Um dos poemas que o integra, "La recherche de la fecalité" ["A busca pela fecalidade"] começa assim: "*La où ça sent la merde / ça sent l'être*" ["Onde cheira a merda / cheira a ser"].[183]

O que é colocado em jogo é o corpo, porque um corpo deve dissol-

180 Ver "La abyección y las formas miserables" em Georges Bataille, *Obras escogidas*. Barcelona: Barral editores, 1974, pp. 217-221.
181 *Et la Mère, fermant le livre du devoir, / s'en allait satisfaite et très fière, sans voir, / dans les yeux bleus et sous le front plein d'éminences / l'âme de son enfant livrée aux répugnances*" (Rimbaud, op. cit., p. 251. Minha tradução)
182 "*J'étais bien jeune, et Christ a souillé mes haleines, / il me bonda jusqu'à la gorge de dégoûts! / (...) / Et mon coeur et ma chair par ta chair embrassée / fourmillent du baiser putride de Jésus!*" (Idem, p. 289. Minha tradução)
183 Antonin Artaud, "*Pour en finir avec le jugement de Dieu*", en *Oeuvres*. Édition de Évelyne Grossman. Paris: Gallimard, 2004, pp. 1635-54. Minha tradução.

ver em si esse espírito que o unifica e o submete à figura do deus. E aí a poesia alcança sua verdadeira razão etimológica: a poesia é um *fazer*, a poesia é *poiein*. O poeta – como Borges definiu em seu livro de 1960 – é um *fazedor*. O poeta faz, não apenas coisas com palavras, mas algo com *seu corpo*. Quando Paul Valéry deu a aula inaugural em 10 de dezembro de 1937 do seu curso de Poética no Collège de France, falava de uma *poiética*, para distingui-la de uma poética como conjunto de retóricas e prescrições. E apontava que se tratava de uma ação e de um fazer, a ação que faz a coisa que diz respeito às coisas do espírito.

A obra do espírito, isto é, o poema – diz Valéry –, *não existe, se não em ato*, e implica, como antecipei, uma relação contínua *entre a voz que é* e *a voz que vem* e *que deve vir*. Valéry se adianta a seu tempo: assume que a obra é performativa, existe precisamente em seu devir – aquilo que Umberto Eco chamou trinta anos depois de *Opera aperta*. E depois, precursor dos trabalhos de Henri Meschonic, como *Critique du Rythme*, aponta que o poema é, antes de tudo, ritmo, no qual se articula uma espécie de segunda oralidade, o grão de uma voz. Essa inscrição também é corporal, ao menos o rastro do corporal, a voz nas sombras de um corpo. Esse sujeito, o produtor, se encontra em uma situação liminar, digamos, entre a vida sensível, o campo da experiência vivida e o abismo da inexistência. Por isso a própria lógica do poema requer, de um ato igualmente preliminar, uma experiência do limite: um ato em que o próprio corpo se encontre em jogo, ou em estado de risco.

Como pode sustentar o corpo do poeta esse ato em que o poema realiza a divisão do eu, no qual se encrapula para se tornar poeta, onde o eu é outro? Aqui se abre o grande paradoxo que Alain Badiou apontou sobre a cisão de Rimbaud e que motiva essa reflexão, menos como uma resposta do que como uma pergunta. Se a poesia é um ato e para se realizar consiste, como diz Valéry, nessa passagem de uma voz que é e a voz que vem e deve vir – digamos, a passagem da poesia subjetiva à poesia objetiva em Rimbaud, a passagem do *moi* ao *je* que é *un autre* –, há um ponto no qual o poema deve oferecer *a própria interrupção da poesia*.

"É que a interrupção é brutal, explícita" – diz Badiou em "O método de Rimbaud: a interrupção". "Abre o poema em dois. Seus operadores são o 'nada' e o 'bastante', o 'mas' e o 'não'."[184]

Posto que o poema se torna ato no desaparecimento elocutório do poeta, a própria poesia se interrompe sob a forma de um abandono, de uma desaparição, de uma loucura, de um silêncio. Precisamente *como ato* entra a vida e se torna ação pura, extrema, extremada, a ponto de poder inclusive arrancar o próprio sujeito da vida. Pela mesma lógica poética de Rimbaud, quando em *Uma temporada no inferno* afirma que toda sua obra anterior é uma série de loucuras e agora sim pode nomear a beleza *tal como ela é*, o ato que se deriva, tal como o encrapular-se o faz tornar-se poeta, é *o abandono definitivo da poesia*. Um poeta que chega a essa experiência do limite não pode transpor esse umbral definitivo: somente *outro* poeta pode fazê-lo. Ou seja, pode fazê-lo a partir do umbral que aquele poeta abandonou, como uma origem, não um fim. Certamente esse ato, na medida em que integra o universo social, também produz e é produzido por suas determinações históricas, mas não vou me referir a elas neste momento. Penso em um dos exemplos que quero dar sobre o ato da interrupção. O poeta Hugo von Hofmannsthal escreve, por exemplo, a "Carta de Lord Chandos", que se produz no contexto da crise da burguesia no Império Austro-Húngaro.

Em 1902 Hofmannsthal escreve uma carta assinada por Lord Phillip Chandos dirigida a Sir Francis Bacon, intitulada "Uma carta", adotando a figura de um homem do período inglês elisabetano que assina a missiva "em 22 de agosto de 1603". Mas essa ficção de um eu deslocado se vê ao mesmo tempo investida pelo eu autobiográfico, que em cartas privadas que são contemporâneas à carta ficcional, afirma: "Este trabalho, que não é de caráter poético, resulta inseparável do pessoal". Ou melhor, comenta que esse conteúdo vem de "uma experiência pessoal profunda, uma experiência vivida". Esse eu assume uma voz que é, mas se torna a voz que vai ser nessa circularidade de eus que atravessam, como afirma

184 Alain Badiou, *Condiciones*. México: Siglo veintiuno editores, 2001, p. 121.

o próprio Hofmannsthal sobre si mesmo em outra carta a Stefan George, "uma grave e profunda dissonância anímica".[185]

Neste texto ineludível, Lord Chandos faz uma profunda crítica da linguagem que agora se revela incapaz de testemunhar o sistema analógico do mundo, ali onde o eu e o universo manifestavam a unidade e concordavam na harmonia universal (essa *Harmonía* que pela mesma época invocava Darío, e cuja dissolução temia, mesmo com seu corpo).[186] Lord Chandos diz: "intuía que tudo é semelhança e cada criatura é chave das outras, e me sentia capaz de aprisioná-las uma a uma na cabeça e das demais abrir tantas quantas ela pudesse". Mas essa harmonia se perde sob a forma de uma impotência, de uma incapacidade "para falar coerentemente de qualquer coisa", o que coloca em questão a própria consistência do eu. Como se mundo e língua se separassem, agora não era possível a Lord Chandos encontrar as palavras adequadas, a não ser como manifestação de uma perda ou de um sem sentido, como se a língua se enferrujasse, como se cada vocábulo se esmigalhasse na boca cheia de cogumelos podres. Por um lado, agora só lhe resta contemplar os objetos elementares em sua presença pura, mas é incapaz de nomeá-los – um regador, um ancinho abandonado no campo, um cachorro ao sol –; por outro lado, o próprio eu se dispersa, como se "entrasse em fermentação, lançasse borbulhas, fervesse e cintilasse". Mas a separação do fantasmal Lord Chandos provoca, engendra, por repercussão ou coincidência, um ato *poiético*, um fazer, ou melhor, *uma interrupção*: depois da carta, Hofmannsthal chegou a um limite: deixa de escrever poesia. Quarenta anos depois, quando o humanismo

185 Todas as referências biográficas são oriundas do estudo crítico de Claudio Magris "La herrumbre de los signos. Hofmannsthal y la *Carta de Lord Chandos*", incluída em Hugo von Hofmannsthal, *Una carta (De Lord Philipp Chandos a Sir Francis Bacon)*. Tradução e introdução de José Muñoz Millanes. Madrid: Pre-textos, 2008, pp. 61-118). Todas as citações correspondentes à *Carta* também são tomadas da mesma edição, pp. 120-135.

186 A esse respeito ver meu artigo "Darío: ritmo, cuerpo y Harmonía", *Zama. Número extraordinario dedicado a Rubén Darío*, Buenos Aires, Instituto de Literatura Hispanoamericana, UBA, 2016, pp. 9-17). Disponível online: http://revistascientificas.filo.uba.ar/index.php/zama/article/view/3405/3130)

naufraga no genocídio nazista, Francis Ponge volta aos objetos, mas, diferentemente de Lord Chandos, pode nomeá-los minuciosamente, e encontra no rodeio de parte das coisas a possibilidade de restaurar o sentido do humano.[187]

Antonin Artaud é internado em um manicômio em Rodez em 1942, e lá escreve longas cartas, como a dirigida a Henri Parisot em 22 de setembro de 1945. Nela, conta que rejeita a tradução de um famoso poema de Lewis Carroll, "Jabberwocky".[188] Diz que é o poema de um castrado, de alguém que não escreve como Poe, mucosas ácidas de ácido prússico, ou ácido de alcoolismo, ou que não escreve como Baudelaire, que fez sair da sua poesia cascas de afasia ou paraplegia. Jabberwocky, diz, é o trabalho de um frouxo, de alguém que comeu bem: é o poema de alguém que se preserva e que não mergulhou na merda do ser e na sua linguagem, onde é imperioso que o poema cheire mal e que o poeta também cheire mal em seu sofrimento. "Gosto dos poemas dos famintos, dos doentes, dos párias, dos envenenados: François Villon, Charles Baudelaire, Edgar Poe, Gérard de Nerval, e os poemas dos torturados da linguagem que estão perdidos em seus escritos", ele escreve. Quando Artaud imagina um poema inventado em uma linguagem pura e incomunicável, com sentido fora do gramatical, mas que pode ser compreendida por todos, se situa em um estado paradisíaco, isto é, *antes* de Babel. Artaud afirma que nos anos trinta escreveu um livro inteiro nesse sentido, *com* esse sentido. Mas que esse ato não estava ditado pelo jogo banal dos significantes, mas pelo pavor: "Essa velha serva da pena, esse sexo de cepo enterrado que tira seus versos de sua doença: o ser, e não suporta que

187 Sobre esta poética ver o ensaio "*My creative method*" en Francis Ponge, *Métodos*. Edição e tradução de Silvio Mattoni. Buenos Aires: Adriana Hidalgo, 2000, pp. 17-50.

188 Incluída na seção "Cartas de Rodez a Henri Parisot" de Antonin Artaud, *Oeuvres*. Edição de Évelyne Grossman, Paris, Gallimard 2004, pp. 1012-16. O poeta argentino Rodolfo Alonso traduziu para o espanhol essa carta dirigida a Henri Parisot, que foi o tradutor para o francês do poema "Jabberwocky", de Lewis Carroll, e a inclui em Rodolfo Alonso (Comp.), *¿Quién conoce a Antonin Artaud?*, Córdoba, Alción, 2011, pp. 73-78. Todas as citações da carta permanecem nesta tradução.

se o esqueça". Artaud retorna ao ritmo puro, à glossolalia, a essa língua entendida por todos que é uma pura articulação da voz. O poema encarnado, o poema como teatro onde a voz literalmente *se vê*. Um poema que não se pode ler, mas que deve ser pronunciado e escutado no desdobramento de sua própria oralidade sangrante:

ratara ratara ratara
atara tatara rana

otara otara katara
otara ratara kana

ortura ortura konara
kokona kokona koma

kurbura kurbura kurbura
kurbata kurbata kenya

pesti antipestantum putara
pesti antipestantum putra.[189]

O poeta não é apenas um organismo no ar, mas também uma vontade. Outra maneira de dizer: uma ação do corpo e para além dele. Artaud escreveu um poema-carta dirigido a Pierre Loëb em 23 de abril de 1947,

189 "Esse exercício de glossolalia vem precedido do seguinte esclarecimento de Artaud: 'Tendo escrito um texto como *Letura d'Eprahi Talli Tetr Fendi Photia O Fotre Indi*, não posso suportar que a sociedade atual que não cessa você de padecer como eu, não me deixe já mais que a latitude de traduzir outro feito à sua imitação. Porque Jabberwocky não é mais que um plágio indecoroso e sem acento de uma obra escrita por mim e que fizeram desaparecer de tal sorte que eu mesmo sei apenas o que há dentro'.
Eis aqui alguns ensaios de linguagem aos quais a linguagem desse livro antigo devia se parecer. Mas não se pode lê-los, a não ser medidos, sobre um ritmo que o próprio leitor deve encontrar para compreender e para pensar" (Alonso, op. cit, pp. 77-78).

que Alejandra Pizarnik traduziu sob o título "O tempo onde o homem era uma árvore" ["Le temps où l'homme était un arbre"]

> [...]
> O que foi Baudelaire,
> que foram Edgar Poe, Nietzsche, Gérard de Nerval?
> Corpos que comeram
> digeriram
> dormiram,
> roncaram uma vez por noite
> cagaram
> entre 25 e 30.000 vezes, e contra 30 ou 40.000 refeições,
> 40 mil sonhos
> 40.000 roncos,
> 40 (mil) bocas amargas e acres ao despertar
> têm que apresentar cerca de 50 poemas,
> verdadeiramente não basta
> e o equilíbrio entre a produção mágica
> e a produção automática está longe de ser mantido.
> Está absolutamente quebrado.
> Mas a realidade humana, Pierre Loëb, não é isso.
> somos 50 poemas,
> o resto não é nós mas sim o nada que nos reveste,
> se ri de nós primeiro, vive de nós depois [...].[190]

190 Antonin Artaud, *Textos*. Tradução de Alejandra Pizarnik e Antonio López Crespo. Buenos Aires: Aquarius, 1974, pp. 49-50. O texto original diz: "*Que fut Baudelaire?, / que furent Edgar Poe, Nietzsche, Gérard de Nerval? / Des corps, / qui mangèrent, / digérèrent, / dormirent , / ronflèrent une fois par nuit, / chièrent / entre 25 et 30 000 fois, / et en face de 30 000 ou 40.000 repas, / 40 mille sommeils, / 40 mille ronflements, / 40 (mille) bouches sures et aigries au réveil, / ont à présenter chacun 50 poèmes… / Vraiment, ce n'est pas assez! / Et l'équilibre entre la production magique et la production automatique est tres loin d`être maintenue, / il est absolument rompu / Mais la réalite humaine Pierre Loëb, n'est pas cela. / Nous sommes 50 poèmes; / le reste ça n'est pas nous, mais le néant qui nous habille, / se rie de nous d'abord, / vit de nous ensuite*" (Artaud, *Oeuvres*, op. cit., pp. 1603-04)

Por isso, diz mais adiante, o estado mágico que foi perdido não era o "estado edênico", mas sim o "estado mão de obra, / trabalhador, / o trabalho sem sobras, sem perdas, / em uma inenarrável singularidade" ["Ce n'était pas l'etat edénique, / c'était l'etat manoeuvre, / ouvrier, / le travails sans bavures, sans pertes, / dans uneinenarrable rareté"]. Artaud não fala de uma produção acumulada, proveitosa, que alimenta as instituições sociais e burguesas, mas sim de uma utopia do fazer, isto é, uma *póiesis* que consiste em uma humanidade de vontade pura. A poesia como ato em um estado de risco.

Alejandra Pizarnik traduziu esse poema-carta de Artaud e alguns outros. Por exemplo, este "Post-Scriptum" que o poeta havia escrito em 1947 para a audição na rádio, ao fim proibida, onde seria emitido o texto "Para acabar com o julgamento de Deus", no qual o eu explode em milhares de aspectos que se reuniram em outro corpo:

Quem sou? De onde venho?
Eu sou o Antonin Artaud
e apenas eu o diga
como sei dizê-lo
imediatamente
verão meu corpo atual
explodir
e se recolher
sob dez mil aspectos notórios
um novo corpo
com que vocês não poderão
nunca mais
esquecer-me.[191]

191 Artaud, *Textos*, op. cit., p. 89. O texto original diz: "*Qui suis-je? / D'où je viens? / Je suis Antonin Artaud / et que je le dise / comme je sais le dire / immédiatement / vous verrez mon corps actuel / voler en éclats / et se ramasser / sous dix mille aspects / notoires / un corps neuf / où vous ne pourrez / plus jamais m'oublier*", Antonin Artaud, *Oeuvres Complètes*, v. XIII, Paris, Gallimard, 1974, p. 118.

Por isso, a obra de Artaud também deve *encarnar-se* no teatro, deve ser teatro da crueldade, como se a palavra fosse finalmente isso que Pizarnik escreveu sobre o poeta, "o verbo encarnado", sensível a essa união com a vida que explode "pelo corporal da linguagem, pela marca respiratória do poeta".[192] Pizarnik inscreve várias vezes a leitura de Artaud em seus diários, e a primeira menção data de 3 de setembro de 1959: "Folheei as obras de Artaud e me contive para não gritar: descreve muitas coisas que eu sinto – em essência: esse silêncio ameaçador, essa sensação de inexistência, o vazio interior, a luta por transmutar na linguagem o que é apenas ausência ou uivo –; e também fala dos períodos de gagueira: a língua rígida, a asfixia" (p. 288). Essa luta para transmutar o vazio na língua enquanto ato se situa em uma promessa ou um anúncio de perigo. Pizarnik proclama seu próprio suicídio no texto dos *Diarios* como uma ladainha contínua ("Muito em breve me matarei. Sinto claramente que estou chegando ao final", escrevia no primeiro dia do ano de 1961, p. 382), como se ritmasse sua própria supressão e como se a interrupção da poesia só pudesse ser garantida com a indiferença para se salvar. Se o eu não fosse esse vazio que a carcome, se não fosse essa voz que a inabilita, que lhe retira forças até para portar o seu próprio nome e se, por fim, pudesse *se in-diferenciar* no anonimato – isto é, alcançar o anonimato dentro de si mesma –, então a morte não seria o ato obrigatório, necessário para suprimir-se. "Escolher: a indiferença absoluta ou a morte. Hoje eu não me matei porque uma voz, dentro de mim, prometeu chegar à indiferença", escreveu em 19 de janeiro de 1959 (p. 261).

Mas isso não acontece. Mais uma vez lhe fala a outra, a que é a outra na absoluta intempérie: "No deserto, no escuro do sem defesas o que pudeste ter chamado e clamado em uma linguagem perdida para sempre

192 A frase completa de seu ensaio "El verbo encarnado" – considerando que Pizarnik *traduz* Artaud – é muito significativa: "Ler na tradução o último Artaud é igual a olhar reproduções de quadros de Van Gogh. E ele, entre outras muitas causas, pelo corporal da linguagem, pela impressão respiratória do poeta, por sua carência absoluta de ambiguidade.
Sim, o Verbo se fez carne. E também, e sobretudo em Artaud, o corpo se fez verbo" (Artaud, *Textos*, op. cit., p. 25).

agora espectros de poemas é o mal o mal puro dado em vigília ao que não se nos parece como duas verdades surgidas simultaneamente de onde e aonde vais mendiga desalinhada esfarrapada irritada imunda maltrapilha imune ao mundo imune à graça da linguagem que permite a outros escrever sem a necessidade de suicídio antes ou depois porque disso se trata do nada que te resta a poesia não é um consolo e te enojas deves reconhecer que te enojas e morres de imundícies da língua alheia", escreve em 26 de outubro de 1968 (pp. 830-831).

Artaud falava sobre um trabalho, Rimbaud também falava sobre um trabalho. E então chegou ao extraordinário título de Cesare Pavese: *Lavorare stanca* [*Trabalhar cansa*], por volta dos anos trinta. Pavese falava do ofício do poeta e também do ofício de viver, não de um ato mágico. Falava do trabalho e talvez essa tarefa fosse aquela que realiza um ato de vontade, como se expõe no poema "Mito", datado de outubro de 1935: "Chegará o dia em que o jovem deus será um homem, / sem pena, com o morto sorriso do homem / que entendeu" ["*Verrà il giorno che il giovane dio sarà un uomo, / senza pena, col morto sorriso dell'uomo / che ha compresso*"]. Esse homem tem uma nostalgia ou uma lembrança, mas agora se inclina onde antes respirava um deus. Nessa época, se alguém desaparecesse "estava o jovem deus, / que vivia para todos e ignorava a morte" ["*c'era il giovane dio / che viveva per tutti e ignorava la morte*"]. E escreve: "Agora pesa / o cansaço em todos os membros desse homem, / sem pena: o sereno cansaço da alvorada / que abre um dia de chuva" ["*Ora pesa / la stanchezza su tutte le membra dell'uomo, / senza pena: la calma stanchezza dell'alba / che apre un giorno de pioggia*"]. O homem já não se reconhece nas praias abertas, que se escurecem. O homem, diz Pavese, agora prega os lábios "resignados, sorrindo diante da terra" ["*Si piegano le labbra dell'uomo / rassegnate para sorridere davanti alla terra*"].[193]

193 Cesare Pavese, "Mito", en *Le poesie*. Editado por Mariarosa Masoero. Torino: Einaudi, 2014, p. 99. Os poemas de Pavese citados correspondem a esta edição, indicando número de página, com minha tradução.

É alguém que voltou desse ato supremo de vontade para procurar O Éden Perdido, porque o dia já era velho, tal como o parente de "Os mares do sul" ["I mari del Sud"], que sem dúvida, como Pavese, que o sonhou, leu Melville. O poema termina assim:

> [...]
>
> Só um sonho
> permanece em seu sangue: cruzou certo dia,
> de foguista em um barco de pesca holandês, o *Cetáceo,*
> e viu voar os arpões pesados sob o sol,
> e viu fugir baleias entre espumas de sangue
> e segui-las e levantar-lhes as caudas e lutar com a lança.
> Comentava-me às vezes.
>
> Mas quando lhe digo
> que ele está entre os sortudos que viram a aurora
> sobre as mais belas ilhas da terra,
> sorri ante a memória e responde que o sol
> se levantava quando o dia era velho para eles.

["Solo un sogno / gli è rimasto nel sangue: ha incrociato una volta, / da fuochista su un legno olandese da pesca, il Cetaceo, / e ha veduto volare i ramponi pesanti nel sole, / ha veduto fuggire balene tra schiume di sangue / e inseguirle e innalzarsi le code e lottare alla lancia. / Me ne accenna talvolta. // Ma quando gli dico / ch'egli è tra i fortunati che han visto l'aurora / sulle isole più belle della terra, / al ricordo sorride e risponde che il sole / si levava che il giorno era vecchio per loro", p. 9].

Por isso em um poema de outubro de 1945 – no mesmo ano em que Artaud escrevia aquela carta de Rodez –, incluído em seu livro *Verrà la morte e avrà i tuoi occhi* [*Virá a morte e terá os teus olhos*], Pavese escreve:

És como uma terra
que ninguém nomeou.
E já não esperas nada
apenas a palavra
que surgirá do fundo
como um fruto entre os ramos.
Há um vento que te alcança.
Coisas secas e mortas
te oprimem e se vão no vento.
Corpos e antigas palavras.
Tremes no verão.

["Tu sei come una terra / che nessuno ha mai detto. / Tu non attendi nulla / se non la parola / che sorgherà dal fondo / come un frutto tra i rami. / C'è un vento che ti giunge. / Cose secche e rimorte / t'ingombrano e vanno nel vento. / Membra e parole antiche. / Tu tremi nell'estate", p. 122].

E, no entanto, o trabalho de Pavese também nasce do pavor, quando descobre em seu próprio "estado mão de obra", no trabalho poético, esse desfalecimento de seu organismo que nada pode redimir, porque a morte virá e terá seus olhos. Pavese frequentemente usa a segunda pessoa para falar do eu. Esse tu, como é habitual em sua escansão da pessoa poética, é um si mesmo, uma mesmidade e, ao mesmo tempo, o fantasma de um leitor. "Virá a morte e terá os teus olhos – / essa morte que nos acompanha / desde a manhã até a noite, insone, / surda, como um velho remorso / ou um vício absurdo" ["*Verrà la morte e avrà i tuoi occhi – / questa morte che ci accompagna / dal mattino alla sera, insonne, / sorda, come un vecchio rimorso / o un vizio assurdo*"]. E assim ele mesmo realizará esse ato absurdo e chocante que confirma o último verso do poema: "Desceremos mudos o vórtice" ["*Scenderemo nel gorgo muti*", p. 136].

O poema está datado de 22 de março de 1950. Poucos meses depois, em 27 de agosto, Pavese se tranca em um quarto de hotel em Turim. Pouco antes, em 18 de agosto, ele escrevera essa frase em seu diário: "*Tutto questo fa schifo. Non parole. Un gesto. Non scriverò più*": ["Tudo isso me enoja. Não palavras. Um gesto. Não escreverei mais"].[194] E na página em branco de um exemplar de *Diálogos com Leucó* que ficou aberto nesse quarto, outra anotação, não isenta de ironia: "*Perdono tutti e a tutti chiedo perdono. Va bene? Non fate troppi pettegolezzi*": "Perdoo a todos e a todos peço perdão. Está bem? Não façam muitas fofocas".[195]

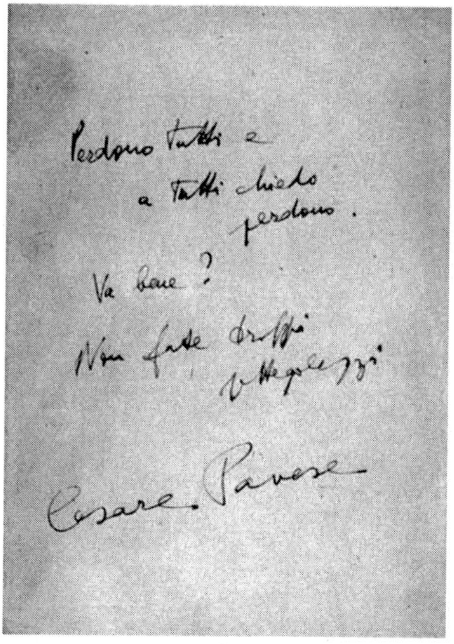
Perdono tutti e
a tutti chiedo
perdono.
Va bene?
Non fate troppi
pettegolezzi
Cesare Pavese

194 Ver a edição de 1990 realizada por Guglielminetti e Nay baseada no manuscrito autógrafo: Cesare Pavese, *Il mestiere di vivere (1935-1950)*. Editado por Marziano Guglielminetti e Laura Nay. Torino: Einaudi, 2000, p. 400. A tradução para o espanhol é de Ángel Crespo: Cesare Pavese, *El oficio de vivir.* Barcelona: Seix Barral, 1993, p. 377.
195 Citada em *Il mestiere di vivere*, op. cit., p. X.

E se matou. Outra vez a poesia é um ato puro, longe do corpo cansado. O que trabalhou, como dizia Artaud, se torna "cinquenta poemas. Logo o nada o reveste: se ri de nós primeiro, vive de nós depois". Trabalhar cansa e, no entanto, o ato poético é a única forma de regressar ao Paraíso, de falar com a língua de Babel, onde a poesia deve ser feita por todos. O que fala sempre é, tarde ou cedo, um morto. Mas quem fala, disse o poeta argentino Alberto Girri, não está morto. Quem fala *não está morto*. A voz trabalha, a voz é nomeada, repetida, citada, traduzida.

A poesia como teatro da morte: ali onde o poema não existe senão como *ato*, o poema nascido do pavor e em estado de risco, o poema situado entre *a voz que é e a voz que vem e a voz que deve vir*, inclusive quando se nos apague o mundo e fique aqui, tremendo.